世界と日本
がわかる
国ぐにの歴史

一冊でわかる
アメリカ史

関 眞興
Seki Shinkoh

河出書房新社

はじめに

アメリカって何だ

日本と関係の深いアメリカ合衆国は、良い意味でも悪い意味でも、世界に君臨しています。それはゆるぎのない事実です。でも、国の歴史は250年に足りません。

アメリカがなぜここまで大きくなったかは、意外と知られていません。「戦争して原爆まで落としたアメリカと、日本はどうやって関係を深めたのか?」「そもそも日本とは民族や文化もまるでちがうアメリカとは、どんな国か?」という疑問も出てきます。

本書は、「アメリカって何だ」と、初めて思った人に向けて、その歴史をわかりやすく紹介します。かくいう私自身、アメリカ史はあまり得意ではありませんでした。その一因は、教科書に断片的な説明しかなかったからだと思います。独立した、南北戦争があった……これでは、アメリカという国が見えません(対比して日本がどうかも)。

ということで今回、私がとくに意識したのは「アメリカがどんな背景を経て、今にいたったか」ということです。みなさんの期待に応えられれば幸いです。

関眞興

知ってびっくり！

アメリカ合衆国の4つのひみつ

初めてアメリカ史にふれるあなたに、意外な事実を紹介します！

ひみつ1

ワシントンは「戦争に巻き込まれない外交を」と言った!?

戦争をくり返して大きくなったアメリカ。しかし、初代大統領のワシントンは「他国と同盟せず、戦争に巻き込まれない外交を」と言い残していました。

→くわしくは 57 ページへ

戦争はしない
ほうがいいよ

ひみつ2

ナポレオンから土地を買って、国土面積が倍増！

独立時の国土は東海岸の13州だけ。ところが、ナポレオンが「ルイジアナを買わないか?」ともちかけてきて、国土面積は一気に倍増しました。

→くわしくは 60 ページへ

ルイジアナを
買ってくれないか?

ひみつ3

ハーバード大学は、宗教指導者の養成学校だった！

日本だけでなく世界中で「権威のある大学」と見られているハーバード大学。じつは、植民地時代に宗教指導者を養成する目的で創設されました。

→くわしくは 21 ページへ

ひみつ4

ドルのルーツはスペイン？

イギリスの植民地だったアメリカでは、なぜかスペインの「ドレラ」が親しまれていました。このドレラが現在のアメリカの通貨「ドル」のもとになります。

→くわしくは 52 ページへ

さあ、アメリカ史をたどっていこう！

目次

chapter 3 成長・拡大する合衆国

chapter 4 南北戦争と奴隷制

1886年、アメリカ独立100周年を記念してフランスからの募金で贈られた。

chapter 7 冷戦とベトナム戦争

ひみつコラム

＜ラシュモア山の彫像＞

サウスダコタ州キーストンにあるラシュモア山の岩肌に彫りだされた、４人のアメリカ大統領の胸像。14年の歳月をかけて彫られた。左からワシントン、ジェファソン、S・ローズヴェルト、リンカン。

本書では、「イギリス」「イタリア」など現在の国名を使っています。ただし、「ロシア帝国」のように、本文の内容にそって当時の国名を使っているところもあります。

プロローグ

新大陸の発見？

海を眺めていると、沖合からマストが現れ、しばらくすると船の全体が見えてきました。ヨーロッパの人々は、船体が小さな点から少しずつ大きくなってくることから、地球は丸いのではないかと考えるようになりました。

だとすれば、大西洋を西方に航海していけば、「香料」の産地であるインドにたどり着けるのではないか……。大航海時代が始まる少し前のことです。

13世紀、中国まで旅行したヴェネツィアの商人マルコ・ポーロは、帰国後に『東方見聞録《とうほうけんぶんろく》』を著《あらわ》しました。この本の中で、日本は「黄金《おうごん》の国ジパング」として登場します。ヨーロッパの人々は、はるか東方の国や人々を想像し、冒険心をかき立てられました。

ところが、15世紀にイスラム教徒の国であるオスマン帝国が西アジア一帯を支配したため、ヨーロッパから東方に歩いて行くのが難しくなりました。ヨーロッパの人々は、別のルートでアジアに行く方法を本格的に考えはじめました。こうして、大西洋やアフリカ大陸の南のほうを回る航海に目を向けるようになるのです。

当時のヨーロッパの国、とくにスペインやイギリス、フランスでは国王の権力が強化されていました。その権力を支える軍隊や官僚《かんりょう》を維持《いじ》するには、たくさんのお金が必要です。国王は、貿易でもうける政策をとり、国内の産業を振興《しんこう》しました。国王が自国で生産した品物を売る相手先を探しているときに、冒険家たちは新しい領土を獲得《かくとく》する計画をもち込んできます。

絹や香料など、中国やインドからやってくる商品は、エジプトや西アジアのイスラム諸国とイタリア商人たちとの間で売買されていました。ただ、15世紀のイタリアは、小さな国家が並び立つ混乱状態だったため、冒険家たちはスペインの国王などに、アジアに行くための資金援助《えんじょ》を要請していました。

1492年8月、ジェノヴァ（イタリアにあった国の1つ）人のコロンブスが、スペイン女王イザベルの支援を受けて航海に出られたのは、こうしたヨーロッパの政治・経済の事情がありました。

コロンブスは、行く手に別の大陸があるとは思っておらず、約70日の航海ののち着いた場所をインドだと信じて疑いませんでした。その証拠にコロンブスは、そこで会った人たちのことをインディオ（スペイン語。英語だとインディアン）と呼びます。

インディアン（以後「先住民」とします）は、2～3万年ほど前に新大陸（アメリカ大陸）にやってきた人々の子孫です。地球の寒冷期に、アジア大陸とアメリカ大陸の間のベーリング海峡《かいきょう》は海面下降により陸地がつながっていました。そのころは、現在のシベリアからアラスカへ歩いて渡れたのです。人間の好奇心は、このような冒険もやらせてしまいます。

なお、アメリカ大陸に渡った人々は、紀元前1万2000年ごろには南アメリカ、チリの南端あたりまで到達していました（諸説あります）。

上陸したコロンブスは先住民に金や銀を要求しました。ところが、そもそもその辺りには金や銀がなく、コロンブスは怒って先住民を虐待《ぎゃくたい》し、殺害しました。じつは現在、コロンブスは「発見者」ではなく「虐殺者《ぎゃくさつしゃ》」といわれるようになっています。

コロンブスに続いて新大陸にやってきた人たちの一部は、サトウキビのプランテーション（大農園）を経営したり銀山を開発したりして、大成功を収めました。先住民はそれらの現場で酷使《こくし》されたため、人口が激減しました。

働き手を補うためアフリカから黒人が連れてこられるようになり、19世紀まで黒人の流入が続きました。現在、アメリカ大陸に黒人が多いのはそのためです。

コロンブスに続いた人々による新大陸の探検が続くなか、さらに西方に広がる海（太平洋）が発見されます。すると、

そのころ、日本では？

コロンブスがアメリカに着いて3年後の1495年、日本では北条早雲が小田原城を攻めとりました。室町時代の後半、すでに戦国時代に入っています。種子島《たねがしま》にポルトガル船が漂着するのは、その50年後。戦国時代の日本も、少しずつ「グローバル」に組み込まれていきました。

「今、自分たちのいる場所はインドではなく、未知の大陸なのではないか」と思う人が出てきました。南米大陸までの探検が続くと「新大陸」であることが確定します。

16世紀の初め、この新大陸はイタリアの探検家アメリゴ・ベスプッチの名にちなんで「アメリカ」と表記されるようになりました（現在はほかにも説があります）。

1519年、ポルトガルの航海者マゼランの艦隊が南米大陸を南下し、南の端にある海峡を越えて太平洋を横断します。のちにこの海峡はマゼラン海峡とよばれます。スペインを出て2年後、フィリピンに到達します。キリスト教徒であるマゼランは、嵐に遭《あ》わず無事に航海できたことを神に感謝して、その海を「太平洋」と名づけました。

マゼランはスペイン王室の援助を受けて航海したため、フィリピンはスペイン領になります。その後、彼は現地人と対立して殺されますが、艦隊は1522年スペインに戻りました。こうして、ヨーロッパの人々が西へ西へと船を進めた結果、地球が丸いことが証明されたのです。

chapter 1

植民地のころ

アメリカは植民地だった

アメリカは、今でこそ国際社会で大きな指導力を発揮していますが、今から250年ほど前までは、イギリスの植民地の1つでした。本書ではアメリカの歴史のスタートを、この時期に定めます。

植民地とは、単純にいうと「海外領土」です。17世紀、イギリスは北アメリカの東海岸に植民を進めていました。

コロンブスの成功を受けて、ポルトガルやオランダ、スウェーデン、フランス、イギリスなども新大陸に進出しました。といっても、移住にふさわしい場所を探すにはお金がかかります。そのお金を提供したのは、国王や資本家（お金持ち）でした。また、移住した場所の運営がつねにうまくいくとは限りません。アメリカ大陸の植民地は、苦労しながら建設されていったのです。

初期のイギリス植民地で有名なのは、処女《ヴァージン》王エリザベス女王にちなんで名づけられたヴァージニアです。16世紀後半に建設が始まりますが、最初の植民者は全員が行方不明になり、いったん放棄《ほうき》されました。１６０７年に植民地建設が再開されたあとも苦労は続きます。

植民者が生活していけるように助けたのは、先住民でした。10年を過ぎたころにタバコの栽培が成功して、ようやく植民地の経営は軌道《きどう》に乗ります。そして、先住民の反乱をきっかけにイギリス植民地で初めて黒人が奴隷《どれい》としてつれてこられました。

当時のイギリス植民地には、国王の宗教政策を嫌って移住してきた人々がたくさんいました。ヨーロッパの多くの国では、国王がキリスト教のどれかの宗派を信仰するよう人々に強制していたことが原因です。

イギリスが公認する宗教は、複雑でした。教会でお祈りするときはカトリックの形式にならいますが、教義はカルヴァン派を取り入れたイギリス国教会のものでした。これでは、カトリックの信者もカルヴァン派の信者も納得できません。

とくにカルヴァン派の人々は、「死後、天国に行くか地獄に行くかは、あらかじめ神によって定められている」と考えていました。そのため、天国に行けるよう教会で祈っても意味はなく、人間にできることは神の教えを守り、欲ばることなく神から与えられた仕事をする。そうすれば救われると強く信じました。つまり、教会の権威《けんい》を認めなかったのです。

カルヴァン派の人々をピューリタンといいます。そのピューリタンを中心にした100名あまりが、1620年に新大陸へと渡りました。上陸した場所にちなんでプリマスと名づけられたこの植民地は、アメリカにおける伝説の地になります。

プリマスのピューリタンたちは、新植民地の建設に際し自分たちで政府をつくり、多数決でものごとを決めていくという誓いを立てます。最初の冬に半数が死亡したにもかかわらず、彼らは不屈の精神で植民地を築きました。彼らのがんばりは、のちの独立戦争で思い出され、植民地の人々の精神的な支えになりました。

宗教と植民地の関係を知ろう

私たちが想像する「代表的なアメリカの都市」といえば、サンフランシスコやロサンゼルス、ニューヨークやワシントンでしょうか。じつは、アメリカ独立の物語は、マラソン大会や野球のレッドソックスで知られる東海岸北部のボストンから始まります。

ボストンがあるマサチューセッツに植民地が建設されたのは、プリマスへの植民が始まった10年後の1630年。ここに移住してきた人たちの多くは、ピューリタンでした。植民地の建設者だったウィンスロップは、ピューリタン中心の社会をめざしていました。

現代の日本でもよく知られるハーバード大学は、ボストン近郊にあります。この大学は、植民地建設の6年後に設立されました。もともとは、マサチューセッツ植民地の宗教指導者を養成する学校だったのです。ピューリタンの信仰が強かったボストンの街は、自分たち以外の信仰を認めませんでした。

マサチューセッツとは対照的に、信教の自由を掲げた植民地もありました。北東部のペンシルヴァニアです。

この植民地は、プロテスタントの一派であるクウェーカ

そのころ、日本では？

ハーバード大学ができたころ、日本は江戸時代。1635年に3代将軍の徳川家光によって、参勤交代が制度化されました。諸大名は、1年おきに自国と江戸を往復することが義務づけられます。旅費はもちろん、街道の整備費や江戸の藩邸の維持・管理費などの負担を強《し》いられました。

ー教徒のウィリアム・ペンが建設しました。クウェーカーとは「震える人々」を意味し、神の名を聞いただけで体が震えてしまうほどの敬虔《けいけん》な人々であったことに由来《ゆらい》します。

ペンは人々に勤勉と誠実と倹約《けんやく》を説き、その精神で開かれていったペンシルヴァニアは、経済発展を遂《と》げます。

また、ペンシルヴァニアの隣にあるメリーランド植民地は、本国で迫害されたカトリック教徒が建設しました。この地名は国民にカトリックを強制した女王メアリにちなみます。メリーランドでは信教の自由が保障されたものの、ピューリタンが流入したことで、かえって混乱しました。

マサチューセッツやペンシルヴァニアに渡ってきた人たちの精神は、今日のアメリカに受け継がれています。新大統領が就任式で聖書に手を置いて宣誓《せんせい》するのは、ピューリタンをルーツとするアメリカを象徴《しょうちょう》する行為《こうい》といえるでしょう。

13植民地

13植民地を取り巻く世界

世界史を眺《なが》めてみると、戦争の原因の多くは領土です。そして多くの国境には、戦争の歴史が刻まれています。

　コロンブスたち冒険者が各地に乗りだした大航海時代以降、発見した場所の領有《りょうゆう》をめぐって、1つの原則がつくられました。「持ち主のいない土地は、先に領有を宣言した国の領土になる」というものです。つまり、「見つけたもん勝ち」です。

　これはヨーロッパ人の勝手な論理で、先住民のことなど、まったく考えていません。このおごりは後世まで続き、アジアやアフリカも勝手に分割されていきました。

アメリカ大陸でも、植民地の奪《うば》い合いが続きました。たとえば、現在アメリカ最大の都市となっているニューヨークは、もともとオランダの植民地でした。そこにちょっかいを出したのがイギリスです。イギリスはオランダと貿易の利権を争っており、国の発展のためにオランダ商人を締め出すのが一番と考えました。そして1651年に航海法を出し、オランダ商人が乗る船との貿易を禁止しました。

怒ったオランダは、イギリスと3回も戦います。その間、ペンシルヴァニアとマサチューセッツの間にあった植民地ニュー・ネーデルラントは、イギリスに譲られました。その中心都市ニュー・アムステルダムが、ニューヨークと改称されて現在に至ります。

イギリスの植民地は徐々に増えていき、1732年にはジョージア植民地が建設され、東海岸に13の植民地が並びました。これがのちにアメリカ合衆国として独立します。

また、ヨーロッパの戦争がアメリカ大陸に飛び火することもありました。1756年に起こった7年戦争は、イギリスの植民地ではフレンチ・インディアン戦争と呼ばれます。先住民は貿易でつながりのあったフランスに加勢して、イギリスと戦いました。

戦争に勝利したイギリスは、フランスと講和条約を結び、新たに植民地を獲得します。しかもアメリカ大陸だけでなく、インドなどにも植民地を増やしました。

本国、植民地にたかる

植民地の人々の中には富裕層《ふゆうそう》もいましたが、多くの農民や商人は、税金が払えるほど豊かではありませんでした。イギリスは植民地の発展のために、税金を厳しく取り立てない政策をとってきました。これを、「有益なる怠慢《たいまん》」といいます。

しかし、世界各地に植民地をもつと、当然、その維持のために多額の費用がかかります。イギリスは、その費用をアメリカ植民地から得ようとしました。

1764年にイギリスは、砂糖法（正確には「アメリカ歳入法」といいます）を制定します。これは砂糖を始めとする植民地からの輸入製品に高い関税をかけるという法律でした。その結果、植民地では物価が高騰《こうとう》し、人々の生活は苦しくなりました。これに抗議した植民地の人々は、輸入製品の不買運動を起こします。

翌年には、植民地で発行される印刷物すべてに印紙を貼《は》るよう義務づける印紙法が出されました。植民地の人々は印紙を買わざるを得ないのです。この法律は植民地人の同意を得ることなく制定されたため「代表なくして課税なし（植民地の代表が出席していない議会で決められた課税に従う必要がない）」と、抗議活動が広がりました。

本国政府は混乱を恐れ、1766年に印紙法を廃止しました。

さらに翌年、ガラスや茶などへ課税するタウンゼンド諸法が出されます。植民地ではふたたび不買運動が広まり、結局、茶を除いてこの税法は廃止されました。

こうした課税に反発する動きがありました。ボストンでは、イギリス駐屯軍《ちゅうとん》に抗議するた

め集まった人々に、イギリス兵が発砲して5人が死亡する事件が起こります。

その後、1773年には茶法が制定されました。この茶法は、本国が植民地の茶市場を独占しようとするもので、不満をもった人々がボストン港に入ったイギリス船から茶葉を投げ捨てるという事件が起こりました。これが「ボストン茶会事件」です。

イギリスはボストン港を閉鎖《へいさ》し、マサチューセッツ植民地の自治を制限するなど厳しく対応しました。翌年、本国によって一方的に制定された法律を、植民地の人々は「耐《た》えがたき諸法」と呼びました。またこの年、カナダのケベック地域ではカトリック信仰が認められるようになりました。カトリックの拡大を恐れる植民地の人々は、さらに怒りました。本国と植民地の対立は、どんどん深まっていったのです。

大陸会議、召集

マサチューセッツ植民地への制裁は、本国の植民地全体に対する姿勢と受け止められました。不満を募《つの》らせた各植民地の代表は、ペンシルヴァニアの都市フィラデルフィアに集まりました。この集まりは「大陸会議」と呼ばれ、以後は植民地の意見を集約する場になっていきます。

大陸会議の参加者たちは「本国の議会と対等である」と考えていました。つまり、本国と植民地がたがいに自主権をもった連合国家（連邦体制）のような関係になることを考えていたといえます。

大陸会議は最初から独立を協議する場所ではありませんでした。当初のメンバーは、本国に徹底的《てっていてき》に反発する急進派と、本国と協調をはかる保守派のほぼ半分ずつに分かれていました。急進派が多かったのは、マサチューセッツとペンシルヴァニアです。マサチューセッツはボストン茶会事件があったように本国との対決姿勢が強く、ペンシルヴァニアは自由貿易や西部への進出を本国におさえつけられて、大きな不満をもっていました。

大陸会議の評決の結果、本国製品をボイコット（不買運動）すること、本国が「耐えがたき諸法」をやめなければ輸出もしないなどの方針が決まります。ただし、この方針はすぐには実施されませんでした。立場の異《こと》なる植民地どうしの利害が絡《から》んでいたからです。

ボイコットする期間や品目は各植民地の利害が調整されながら決まっていきました。そしてボイコットがきちんと行われるかを監視する機関が設置されます。そこで働いた人々は役人としての仕事を理解しました。この経験は、独立のときに役立ちました。

さて、大陸会議のあとマサチューセッツでは本国軍との対決に備えて武器庫がつくられ、民兵の訓練が始まります。ヴァージニアでは、弁護士として名高かったパトリック・ヘンリーが、本国との戦争を想定して「自由、しからずんば死」という激しい口調の演説を行い、人々をふるい立たせました。

1775年4月、ボストン北西三十数キロにあったコンコードの武器庫を接収するため本国軍が行動すると、レキシントン（コンコードとボストンのほぼ中間）とコンコードで民兵と衝突しました。これが独立戦争の始まりです。

翌5月、第2回の大陸会議が開かれました。このときヴァージニア出身のジョージ・ワシントンが植民地軍の総司令官に選ばれます。

植民地軍によるボストン包囲は、1775年4月から翌年3月までの、ほぼ1年間続きました。そして1776年7月、大陸会議はついに独立を決議するのです。

ひみつコラム

国旗と国歌、国章

独立の意志を強く示し、愛国を誓った国の象徴

アメリカの国旗は「星条旗」または「合衆国旗」と呼ばれ、赤7本・白6本のストライプと、「カントン」と呼ばれる青地の部分に現在の州の数の星が配置されています。

星条旗は1777年、アメリカ独立の翌年の第2回大陸会議で国旗に制定されました。配色の赤は祖国イギリスを表すと同時に「大胆・勇気」を表し、白は「独立」と「純真・潔白」、青は「警戒と忍耐」を意味しています。

この星条旗から生まれた歌が、現在のアメリカ国歌です。1814年の米英戦争の最中、捕虜の釈放交渉でイギリス軍艦に入ったフランシス・スコット・キーは、イギリス軍の砲撃作戦実行のため一晩拘留されました。夜を通してイギリス軍の砲撃を受けるアメリカ軍の要塞《ようさい》に掲げられた星条旗が、朝になってもはためいていたのを見たキーは、そのときの感動を詩にしました。その詩が当時のはやり歌のメロディに乗せられ、愛国

＜国旗＞

現在のアメリカ国旗。州の数が変わるごとに星の数が更新される。

＜国璽＞

表　　裏

アメリカの国璽の表と裏。1ドル紙幣の裏にも印刷されている。

の歌として歌われるようになります。そして「星条旗よ永遠なれ」と名づけられ、１９３１年に正式にアメリカ国歌となりました。

国旗以外に国を表すしるしとして、国章というものがあります。アメリカの国章は、正確には国《こく》璽《じ》（国の印章）で、国旗と同じくアメリカが独立した際につくられました。

表面は、アメリカの国鳥である白頭《はくとう》ワシが平和と戦争を意味するオリーブの枝と矢を持ち、ラテン語で「多数から1つへ」と書かれた巻物をくわえています。

裏面には13段のピラミッドと、その頂に「すべてを見通す目」がほどこされ、上部に「神われらの企みを認め給えり」、下部に「世紀の新秩序生まれる」と書かれています。

知れば知るほどおもしろいアメリカの偉人①

アメリカ先住民族のリーダーの娘

ポカホンタス

Pocahontas

（1595? ～ 1617）

ヨーロッパとアメリカの架《か》け橋になった少女

ポカホンタスは、アメリカの先住民・ポウハタン族のリーダーの娘です。イギリスがアメリカへの入植を開始した17世紀のはじめ、入植者たちが上陸した東海岸のヴァージニアに、ポウハタン族は住んでいました。

ポウハタン族に殺されかけていたイギリス人のリーダーをポカホンタスが救った、と入植者の記録には残されていますが、真偽は不明です。その後ポカホンタスは入植者たちの人質となり、植民地でタバコ栽培を行っていたジョン・ロルフという男と結婚し、男の子を出産しました。

結婚のあと洗礼を受けてキリスト教徒となったポカホンタスは、ロルフとともにイギリスへおもむき歓待を受けますが、帰国を前に病気で亡くなりました。

今日ポカホンタスは、アメリカ先住民とヨーロッパ文化の融和の象徴として語られています。

chapter 2

合衆国の誕生

いよいよアメリカ独立宣言！

第2回の大陸会議では、外国から支援を受けることも検討されました。フィラデルフィアの実業家で、雷の正体が電気であることをつきとめたことでも知られるフランクリンが、このときフランスに支援を仰ぐため派遣《はけん》されています。

一方、各植民地にあったイギリスの統治機関は機能を停止し、派遣されていた総督《そうとく》たちは、軍艦や本国軍の駐屯地に避難しました。イギリスも、植民地が反乱状態であることと、海上封鎖《ふうさ》を行うことを宣言します。これにより、和解を期待していた大陸会議のメンバーは、それが不可能になったことを理解しました。

それでもなお、和解したほうがいいのにと考える人々もいました。それに対して、国王の支配を否定して独立の必要性を訴えたのが、イギリス生まれの哲学者トマス・ペインです。彼が執筆《しっぴつ》した有料パンフレット「コモン・センス」は当初1000部が印刷され、最終的には50万部も売れました。植民地の人々の意識は、ますます独立へと向かっていきました。

大陸会議では、まず独立の決意を表明する「独立宣言」が、ヴァージニア出身のトマス・ジェファソンを中心に作成されました。

ジェファソンたちが独立宣言をまとめるにあたり影響を受けたのは、イギリスの政治思想家ジョン・ロックの政治論です。ロックは著作『市民政府二論』のなかで、社会は国王の絶対的な権力によって成立するのではなく、社会を構成する全員がたがいに契約を交わすことで成立するという「社会契約説」を説きました。それゆえ、市民は国王に対して抵抗する権利があるとします。

これをふまえ、「独立宣言」が1776年に発表されます。前文には次のように書かれていました。

「すべての人は平等に創《つく》られ、造物主によって一定の奪うべからざる生来の諸権利を有する。それらの中には生命・自由・幸福の追求がふくまれる。(中略)これら諸権利を確保するため人類の間に政府が組織され、その正当な権力は被治者《ひちしゃ》の同意に由来する」。

ただし、ジェファソンにも迷いがありました。前文の理念が奴隷制と相反《あいはん》するものだったからです。当時の植民地には奴隷の労働力が不可欠で、奴隷制に反対する内容を独立宣言に盛り込むわけにはいかなかったのです。

ヨークタウンの戦い

独立戦争の開戦直後に、アメリカの民兵（以後「アメリカ軍」とします）は、地の利を生かして本国の正規軍（以後「イギリス軍」とします）と戦いました。レキシントンとコンコードの戦いに続く、ボストン近郊での戦いでは敗れはしたものの死傷者数は少なく、善戦しました。

アメリカ軍の兵士はミニットマンと呼ばれました。ミニット、つまり1分間で戦闘態勢に入れるというのが由来です。ただし、軍備や戦術においてはイギリス軍に劣りました。アメリカ軍は民間人の集まりなので居住地から遠く離れられないという事情もあり、しだいに劣勢となっていきます。ワシントンは正面切って戦うことを極力避け、長期戦にもち込もうと考えました。

アメリカ独立宣言が発表された1776年、イギリス軍はボストンからニューヨーク方面に南下し、ロングアイランドの戦いでアメリカ軍を破りました。このときもワシン

独立戦争の主な戦い

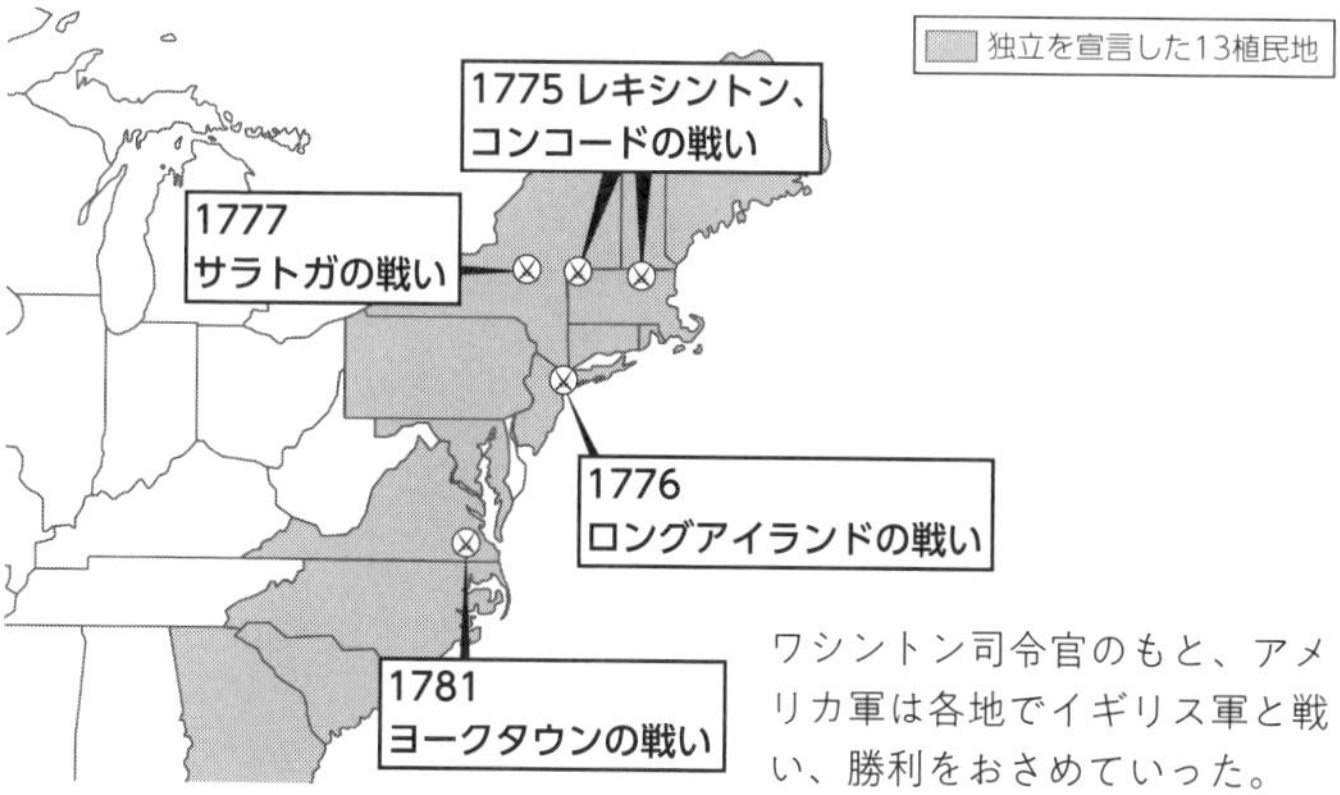

ワシントン司令官のもと、アメリカ軍は各地でイギリス軍と戦い、勝利をおさめていった。

トンは被害が最小限になるよう努めました。

その年の9月、ニューヨークのスターテン島で和平交渉が行われ、イギリス政府は独立の撤《てっ》回《かい》を要求しますが、アメリカ側は断固応じませんでした。

軍事的にはイギリス軍が優勢でしたが、アメリカ軍はゲリラ戦を展開し、1777年のニューヨーク東部、サラトガで行われた戦いで約6000人のイギリス軍兵士を捕虜《ほりょ》にするという大勝利を収めました。

さらに翌年にかけての厳寒期には、フィラデルフィア近郊の基地を守り抜き、アメリカ軍の士気は高まりました。

そしてサラトガの勝利のあと、海外からの支援が始まるのです。

独立戦争に最初に参入したのはイギリスと不仲であったフランスでした。アメリカと同盟条約を結んだフランスは艦隊を派遣し、世界の強豪《きょうごう》として名を馳《は》せたイギリス艦隊を撃《げき》破《は》します。

制海権を失ったイギリス軍は補給が困難になり、しだいにアメリカ軍が有利になっていきます。

1781年、イギリス最後の拠点となったヴァージニアのヨークタウンに、アメリカ・フランス軍は猛攻をしかけました。この戦いでイギリス軍が降伏し、独立は決定的になります。以降、大規模な戦闘は行われず、翌年

にはイギリス議会が停戦を決議して、戦争は終結に向かいました。

ところで、植民地だったアメリカは、戦争に勝っただけで独立を獲得したイメージがあるかもしれませんが、じつは独立を助けたもう1つの要因がありました。イギリス国内の世論が軍を積極的に支援しなかったのです。いわば兄弟どうしの戦いのようなものですから、志願兵が少なく、イギリスは傭兵《ようへい》を雇う財力はありませんでした。

ヨークタウンの戦いののち、パリで独立に向けた交渉が始まりました。そして1783年にパリ条約が結ばれ、アメリカ合衆国の独立が承認されました。

さらにもう1つ、アメリカにとって幸いだったのは、独立戦争中にヨーロッパで大きな戦争がなかったことです。ヨーロッパの多くの軍人が、アメリカが独立をめざして戦っていることを知り、義勇兵として参戦していました。

国はどうやってつくられるのか

さて「アメリカ合衆国」の国名は、いつ、どのように決まったのでしょうか。

独立宣言の発表とともに、大陸会議は各植民地にそれぞれの「規範（法律）」を作成するよう求めました。それによって「植民地」は自主性をもった「邦《ほう》」になりました。続いて、13の邦をいかに団結させ、維持していくかが課題になり、「連合規約」というルールがつくられます。大陸会議はそのまま「連合会議」として継承されました。

独立戦争中の1777年、「連合規約」の素案が提出されました。各邦の思惑《おもわく》もあり長い時間をかけて検討され、1781年に13邦が承認し、正式に成立しました。

その第1条で、新国名は「アメリカ合衆国(The United States of America)」と決定されました。Stateは「邦」のことですから、普通の人々によって運営される複数の「国家」が集まった国と定義されたわけです。

続く第2条では、「各邦は主権・自由・独立を保持し、条文で連合会議に委任していない一切の権限・管轄《かんかつ》権・その他の権利を保有する」と明示され、邦の独立性がはっきりと示されています。

さらに第3条では「主体性をもつ邦が、共同の防衛・自由の確保・相互および全体の福祉を目的として、堅固な相互の友好同盟に参加し(中略)、援助しあうことを誓う」と合衆国結成の理由が明示されました。

何がいいたいかというと、アメリカ合衆国としてまとめられる13の邦は、イギリス本国と戦うために「連合・協力」しているのであって、中央集権的な国家をつくることを目的にしているのではないのです。

独立戦争中、この連合規約は強い力をもちました。しかし、13の邦を団結・連合させていた敵対相手がいなくなると、各邦の間の利害が対立するようになり、また各邦の内部でも不満が噴出して、合衆国崩壊の危機に直面しました。

ある国から独立するという歴史を経験していない私たち日本人にとっては、理解するのが難しい話ですが、このアメリカ合衆国の歩みを通じて、「国とはどうやってつくられていくものなのか」を知ることができます。

イギリスの国王や領主が統治していた植民地で、本国イギリス人の地主の土地を借りていた農民が、その支配から解放されて自由になりました。つまり、自分の土地をもった農民が中心になる社会が成立したわけです。これは「革命」そのもので、アメリカの独立は「革命」ともいわれます。

では、どのように統治していくのか、それがまず問題となりました。

「邦」の政府にとって、当面の課題は独立戦争で抱《かか》えてしまった借金をどうやって返すかということでした。そこで各邦は、連合規約にあった「貨幣の鋳造《ちゅうぞう》およびその価値の統制は9邦の同意が必要」という決まりを破り、邦が独自に紙幣を発行してしまいます。その結果、連合会議の指導力が失われるという事態が生じてしまいました。

加えて、独立を求めて戦った植民地の人々が、じつは新しい国家をどうするかを深く考えていなかったことも問題になりました。イギリスのような立憲君主制を採用するのか、あるいは君主をもたない共和制国家にするのか。国となった以上、早急な解決が求められました。このような状況において、まず何が必要か……それは憲法です。

アメリカ合衆国憲法

憲法とは、国家の基本的なあり方を規定するものです。しかし、アメリカ合衆国が成立した18世紀後半、世界のどこにも「憲法」をもっている国はありませんでした。

1787年5月、憲法制定に向けた検討会議が始まりました。独立承認から4年もかかっており、それだけ慎重を期したのです。

たとえば、この会議には独立宣言を作成したジェファソンなどが参加していません。ジェファソンたちからすると、そのほかの参加者である独立戦争の司令官ワシントンや副官のアレクサンダー・ハミルトンなども、イギリス寄りに見えたようです。

会議では、独立宣言で示されたように人民主権が強調され、議員は人民の選挙でえらばれることが決まりました。国家のもつ権力を行政・司法・立法に分け、その3つの調和を図《はか》ります。さらに、邦の権限を抑制し、中央政府の権限を明確にすること、そのために新しい憲法が不可欠であることも改めて確認されました。

ただ、この討議の内容を一部でも一般に公開すると反対意見が続出して、まとまらなくなることが火を見るより明らかだったため、口外禁止の原則で進められました。

ともかく、新しい国家をつくる気概《きがい》に燃えていた検討会議のメンバーは、4カ月の討議を経て39名に減りました。しかしなんとか全員の合意を得て草案が完成しました。

草案完成に際してのワシントンの言葉が残っています。「これは現状で同意できる最上の内容で、これ以上の改定は将来の修正に任せよう」——議論を交わし続けた議会の雰囲気をよく表しています。

さて、1787年9月に憲法の草案が一般に公開されると、予想されたとおり山のように批判が出ました。主だったものは、以下の2つです。

①「連邦主義」といいながら強力な権限をもつ連邦政府の設置を認めることは、「連合」と「邦」の権利が否定されるということ

②「信仰や言論などの自由」など人民の権利に当たるものがない

いずれの批判も会議のメンバーは予想しており、各邦で集会を開き、集まった人々のYesかNoの2択で議決しなければならないという奇策を用いて、可決させることに成功しました。しかも全邦の一致でなく、13のうち9邦が賛成すれば可決されるという条件を入れていたのです。

憲法成立の過程を冷静に見ていくと、強引さばかりが目

そのころ、日本では?

18世紀後半から、ロシア帝国の船が日本近海に現れるようになっていました。これに対応し、蝦夷地《えぞち》(現在の北海道)から樺太《からふと》方面への探検が行われます。国内政治では、財政悪化により老中の松平定信《まつだいらさだのぶ》が寛政の改革に着手します。幕府の統治体制は少しずつ揺らぎはじめていました。

立ちます。しかし、まさしく用意周到に練られた作戦で、1789年に発効する運びとなりました。

懸案として残された信仰の自由など人権に関する規定は、発効年に「修正1～10条(権利の章典)」として提案され、1791年に実施されました。ワシントンが言った「将来の修正に任せよう」が早くも実行されたのです。

大統領はどれほどエライ?

最後に、当時から現在まで続くアメリカの三権分立を簡単に紹介しておきます。

立法府は2院制からなる議会です。上院議員は各邦(以後「州」とします)から2名ずつ選出され、州の間に差が出ないように配慮されました。議員の任期は6年です。下院は州の人口の増減によって議員数も増減します。人民の意向は頻繁《ひんぱん》に聞いたほうがいいという考えから、任期は2年とされました。

なお、法案の審議は両院で行われ、歳入関連などの一部の法案を除けば、成立するには両院での可決が必要です。

アメリカの三権分立制

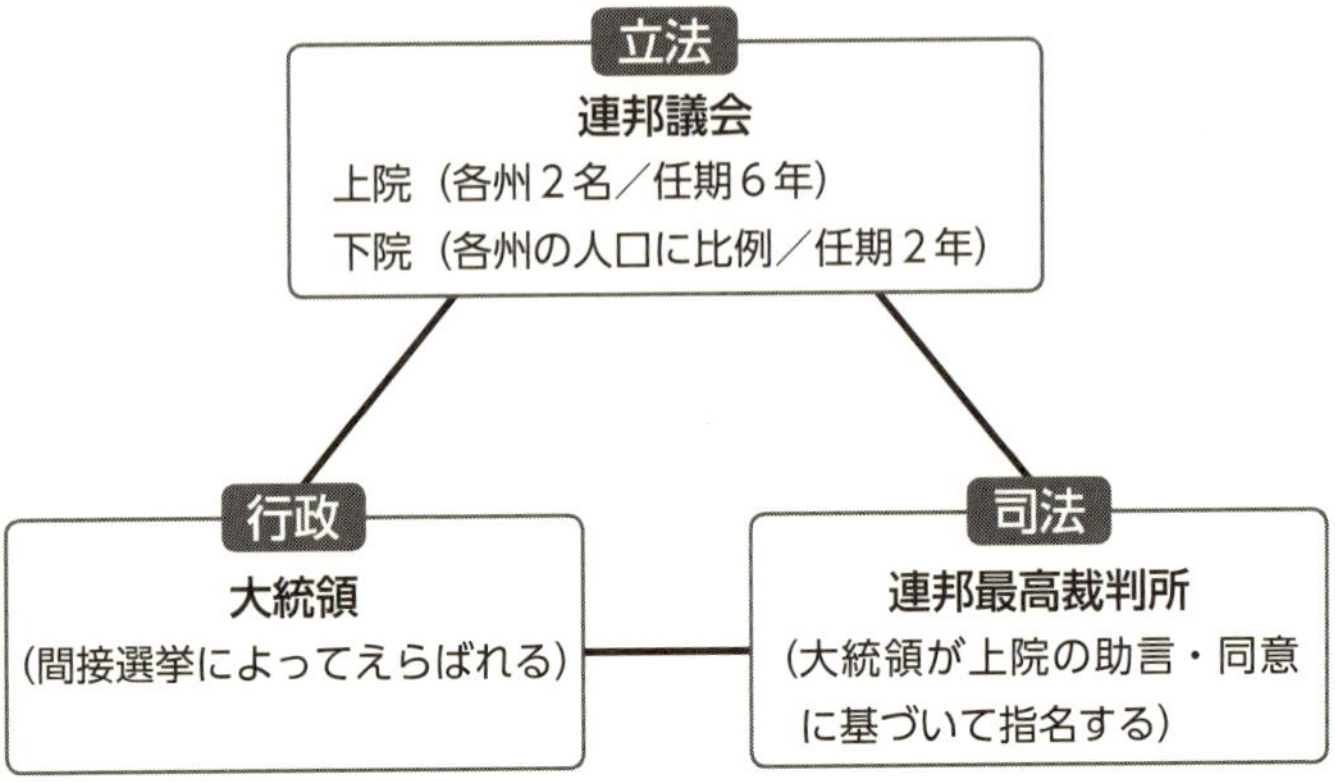

行政府の最高権力者は大統領です。

選出方法は、現在も続く間接選挙という方式です。各州の上下両院の議員の数と等しい「大統領選挙人」が選挙で決まります。この選挙人の多数の票を集めた候補者が、その州の当選者となります。

このため実際の得票数と勝利した州の数では逆転現象が起こりえ、しばしば話題になります。

司法の最高機関は連邦最高裁判所です。この裁判所の裁判官は大統領に指名され、議会の承認によって就任します。任期は終身で、法律が憲法に違反していないかを審査する違憲立法審査権をもっています。

どれも現代の政治体制から見れば、意外性ははありません。ただ、憲法がどこの国にもない時代に、これだけの内容を盛りこみ、それが今日まで維持されているところにアメリカのすごさがあります。

独立直後、いまだかつての本国イギリスの政治に郷愁《きょうしゅう》をもつ人々が多いなかで、アメリカは人民主権や共和制を選択しました。苦労しながらこうした決断をした当時の指導者たちが「建国の英雄」と讃《たた》えられるのは当然です。

ちなみに、大日本帝国憲法の発布は合衆国憲法の誕生から100年後の1889年のことです。アメリカの先進性は、特筆すべきといえます。

さて、ここまで独立宣言から合衆国憲法の制定までの15年ほどの歴史を見てきました。これはアメリカ史にとっても重大な意味をもつのはいうまでもありません。くしくも合衆国憲法が発効した1789年は、独立戦争で助けてくれたフランスで革命が勃発した年でもあります。18世紀後半の世界は、大きな変動期だったのです。

ワシントンがやったこと

憲法に基《もと》づいて1789年に行われた第1回大統領選挙で、ワシントンが初代大統領に選ばれました。彼の抱える問題の1つは、当時のアメリカ社会には、国王ではなく国民が主権をもつという共和制のしくみを理解できる人が少なかったことです。ワシントンは、せっかく誕生した新しい国が、君主制のような古めかしい体制に戻らないよう細心の注意を払いました。

政府のあり方に関しても、中央集権的か地方分権（州権）的かのバランスにも配慮しました。一例としてワシントンは財務長官には中央集権的に政治手腕を発揮するハミルトンを、国務長官には州権派のジェファソンをそれぞれ任命しました。

当時のアメリカには独立戦争中に借りた金を返していかなければならないという大きな問題のほか、フランス革命や、イギリスとフランスの戦いもアメリカ外交に深刻な問題を投げかけてきました。独立戦争でフランスの支援を受けてイギリスと戦ったアメリカは、革命で体制が変わったとはいえ、今度はフランスを支援してイギリスと戦うべき状況に置かれていたのです。

ワシントン大統領は、ヨーロッパ各国との関係については、原則として中立の立場でした。イギリスがカリブ海で中立国の船舶《せんぱく》を拿捕《だほ》し始めるとイギリスとの開戦の危機に直面しますが、1794年にイギリスとジェイ条約を結んで戦争を回避し、関係を安定させました。ワシントンのまさかの背信《はいしん》にフランスは怒り、ヨーロッパの国々もアメリカへの印象を悪化させました。

外交だけでなく内政でも何事もバランスを重視したワシントンは、政府内に対立が生まれることを好みませんでした。しかし、借金の返済に辣腕《らつわん》をふるい、国内の商工業の振興を図る中央集権志向のハミルトンと、州の権限を大きくして自治をうながそうとするジェファソンは徐々に対立を深めました。

ハミルトンの方針を支持する勢力は「フェデラリスト」と呼ばれ、ジェファソンの支持者は「リパブリカン」と呼ばれました。のちに前者が共和党、後者が民主党に連なっていきます。

結局、ハミルトンもジェファソンも辞職して、政府を去りました。こうした経緯《けいい》については、このあとくわしく説明していきます。

知れば知るほどおもしろいアメリカの偉人❷

19世紀アメリカを代表する作家

ポー

Edgar Allan Poe

（1809～1849）

人生の苦悩を書き続けた

旅役者の夫婦のもとに生まれたポーは、父の失踪、母の病死で幼くして孤児となり、リッチモンドでたばこ商を営んでいたアラン夫妻に養子として育てられました。

イギリスで初等教育を受け、帰国して大学にも進みましたが、ギャンブルに手を出して養父の怒りを買って退学。その後アラン夫妻のもとを去り、軍隊に入隊するなどして、詩作や評論、小説の道へ進みます。

27歳で叔母の娘と結婚し、雑誌編集の仕事で評論文を書くかたわら、暗号読解や異常心理、怪奇や空想に関する小説を相次いで執筆。1841年に発表した『モルグ街の殺人』は、世界最初の探偵小説といわれています。

晩年は詩作にふけりますが、妻を亡くして酒におぼれ、苦しい生活の末、ポーは路上で倒れてそのまま世を去ります。幻想と怪奇に彩られたポーの詩や小説は死後になって高く評価され、多くの作家に影響を与えました。

chapter 3

成長・拡大する合衆国

ドルはこうして誕生した

ワシントンが大統領に就任した1789年、新生アメリカ合衆国の歴史がスタートしました。彼の人となりはアメリカ国民すべてが高く評価するものでしたが、国家が抱える問題についてはまったく別の話で、まさに多事多難でした。

すでに国内政治においてはフェデラリストとリパブリカンの意見の対立が深刻になっており、ワシントンにとっては憂慮《ゆうりょ》すべきことでした。ただその対立こそが、国民の政治への関心を深めさせました。

アメリカ政府が抱えるもっとも深刻な問題は、経済でした。憲法とそれに基づく国の骨格ができれば、次は安定した政権運営と国民の生活を支える「通貨」が必要です。

植民地では独自の通貨をもつことが認められておらず、流通していたのは本国のポンドでした。ただ、本国との貿易では輸入が多く、ポンドは出ていくばかり。そのかわりに植民地の人々に親しまれたのが、ドレラです。

当時、ヨーロッパで流通していた銀貨「ターレル」は、スペインで「ドレラ」と呼ばれていました。植民地と西インド諸島、南欧《なんおう》との貿易では、このドレラが使われました。輸出が多かったことから、植民地の人々はドレラを所有し、やがて暮らしの中で広まります。結果、貨幣として広く認知されていったわけです。

1791年、ドル（ドレラの英語読み）が正式にアメリカの通貨単位となります。それを決めたのは、初代財務長官のハミルトンでした。

独立戦争の戦費をまかなうために大陸会議や各邦の名義で発行された債権（資金を調達するときに発行される証券）は、戦後に起こったインフレ（物価が上昇すること）でその価値が10分の1にまで低下してしまいました。

その結果、損をしたくない個人が債権を売り、政府が債権を買い戻すことを期待して銀行などの金融業者がその債権を買い集めるという状態になっていました。

そのころ、日本では？

ドルが通貨に定められた1791年、日本に初めてアメリカ商船が来航しました。その名は「レディ・ワシントン号」。ワシントンの妻の名前からつけられています。この船は太平洋を渡って中国と交易《こうえき》をしたのち日本に立ち寄りますが、鎖国中のため日本側はこれを拒否しています。

この混乱状況に対し、ハミルトンは連邦政府がすべて額面通りに債権を買い取ったうえで、新たな債権を発行することで事態を収めようとしました。

初期の「銀行」は、州ごとの法律に基づいて設立されていました。それらの銀行は州の産業を発展させることに貢献しますが、いかんせん資本力が小さく、しばしば倒産するなどして各地で混乱がありました。

ハミルトンは中央銀行（日本でいえば日本銀行）を設立して銀行券（紙幣）を発行したり、政府資金を管理したりと手を打ちました。ただし、中央銀行は20年の期限つきで設立されており、期限が迫《せま》ると地方銀行の反対で廃止されるという組織で、大きな権限はありませんでした。アメリカで強力な中央銀行が設立されるまでには、あと50年を待たなければなりません。

合衆国の領土はどこまで？

ハミルトンの財政政策は大いに評価されました。そして、彼の強引ともいえる政策実行力により、人々の連邦政府への信頼感は高まっていきました。結果として、政府の権

18世紀末の領土

ミシシッピー川より東の大部分が領土となった。

限も強くなっていきます。

その一方で、ジェファソンを中心とする反ハミルトン勢力（リパブリカン）を、団結させていくことにもなりました。

憲法ができ、通貨や財政がととのって、国の形が少しずつできあがっていきました。これらに匹敵《ひってき》する「国の根幹をなす重要なもの」が次の課題となります。それは、領土です。

独立によってオハイオ川から北、そこから西のミシシッピー川までの地域が連邦政府の管理下となります。

ハミルトンは、新たに領土とした地域を政府が一元管理し、産業振興を考えていました。また、農民には有償《ゆうしょう》で土地を与えました。このような政策は、それを実現できる巨大な資本をもつ者を喜ばせました。つまり、ハミルトンの政策は、資本家（たいていは保守的な考えをもつ）に支持されたのです。彼を支持する人がフェデラリストです。

対して、ジェファソンは地方分権や人民主権を主張しました。支持したのは中小の農民層です。彼らがリパブリカンです。

アメリカは他国と同盟しない

アメリカと旧大陸（とくにイギリス・フランス）との関係については、１７９４年にアメリカとイギリスの間に結ばれたジェイ条約を先に紹介しました。アメリカとイギリスの関係は改善されますが、その内容はアメリカの貿易にとって不利な面もありました。

ワシントンはこの条約を結んだことで政界からの引退を決意し、大統領の三選を固辞します。その最後の演説でワシントンは、「州は団結すべきであり、国民は連帯しアメリカ合衆国は分裂してはいけない」として、保守派と改革派の対立が深刻化していることを批判しました。

また「合衆国は他国と同盟を結ばず、戦争に巻き込まれることのない外交をしていくべき」と説きました。現在のアメリカをとりまく国際関係から考えると、信じられない内容です。

さて、1796年の大統領選挙は、フェデラリストの推薦《すいせん》するジョン・アダムズと、リパブリカンを代表するジェファソンの一騎打ちになりました。3票という僅差《きんさ》でアダムズが勝利しました。この当時は第2位の候補が副大統領になることが決まっていたので、ジェファソンは副大統領になりました。

アダムズ新大統領は、ワシントンの下で8年間、副大統領を務めており、外交でも活躍した経験から、不仲になっていたフランスとの関係の改善に取り組みました。ジェイ条約の一件からフランスの対応は冷ややかで、フランスとの関係は宣戦布告なき戦争という状態にまで悪化し、1800年に同盟は破棄されます。

また、国内では「外人法」と「治安（動乱）法」という2つの法律が成立しました。前者は、大統領が危険人物とみなした外国人を、国外に追放できるというものです。アメリカに亡命しながらアダムズ（フェデラリスト）の政策に批判的なフランス人を意識していました。後者は立法・行政機関に対する誹謗《ひぼう》や中傷を禁止するもので、現代風にいえば「政府による言論弾圧」につながりかねません。ジェファソンなどのリパブリカンは反発しますが、反対行為自体が法律に触れるため、体制批判もできませんでした。

1800年の大統領選挙は、大混戦となりました。2期目をねらうフェデラリストのアダムズ、リパブリカンのジェファソン、加えて当時は首都だったニューヨークを基盤とするリパブリカンのアーロン・バーの三《み》つ巴《どもえ》の戦いになりました。

最初の選挙でアダムズが脱落したあと、ジェファソンとバーの決選投票は双方同数で譲らず、なんと36回もの投票をくり返したのち、ジェファソンが当選しました。ジェファソンは宿敵フェデラリストの支援まで得て、やっと決着をつけています。

選挙による政権交代が行われたことから、アメリカではこれを「1800年の革命」といいます。

ちなみに前年の1799年、フランスでナポレオンがクーデターによって権力を握りました。このナポレオンが、アメリカの領土拡大に深く関与していきます。

領土が倍増！

第3代大統領のジェファソンは、首都ワシントンD.C.（D.C.は「コロンビア特別区」の意味でコロンブスを讃えた名称）で就任式を行った最初の大統領でした。その就任演説で「われわれはすべてリパブリカンで、フェデラリストなのだ」という名言を残し、国民の融和《ゆうわ》を訴えました。

ちなみに、初代大統領ワシントンの就任式は、ニューヨークで行われました。彼は「首都は州から独立したところにあるのが望ましい」といい、メリーランドとヴァージニア両州から土地を譲り受けたポトマック河畔《かはん》に、新首都の建設を始めました。建設中の臨時首都はフィラデルフィアとなり、第2代大統領のアダムズはフィラデルフィアで就任式を行っています。

さて、フェデラリストの支援を受けたこともあり、ジェファソンの政治は、ハミルトンの政策から大きく外れることはありませんでした。ただし、「外人法」と「治安法」は廃止され、軍備も縮小されました。ハミルトンが設立した中央銀行は維持されました。

ジェファソンにとって、最大の課題になったのはミシシッピー川の西方、スペイン領のルイジアナの帰属でした。フレンチ・インディアン戦争（24ページ）より以前、フランスはカナダからルイジアナに至る広大な領土を植民地にしていたのです。

カナダはイギリスに割譲《かつじょう》され、ルイジアナのうちミシシッピー川の東はイギリスに、西はスペインに分割されていました。ルイジアナがフランス領になると、関係の悪化していたアメリカにとっては大きな脅威《きょうい》になります。

1800年、西部ルイジアナがフランス領となり、脅威は現実のものとなりました。ところが3年後、ナポレオンが西部ルイジアナを売却する意向を示すと、アメリカはただちにこれに応じました。こうして、アメリカの領土は一挙に倍増したわけです。

ナポレオンは、アメリカ大陸でイギリスとフランスが争った場合、カナダから南下するイギリス軍を防ぐことはできないという戦略上の配慮から、西部ルイジアナを売却したとされています。戦争で取られる可能性のある土地は、保有しているよりも売却したほうが得策と考えたようです。

購入後、ジェファソンはすぐに西方への探検調査隊を派遣しました。最大の目的は太

ナポレオンから買収した西部ルイジアナ

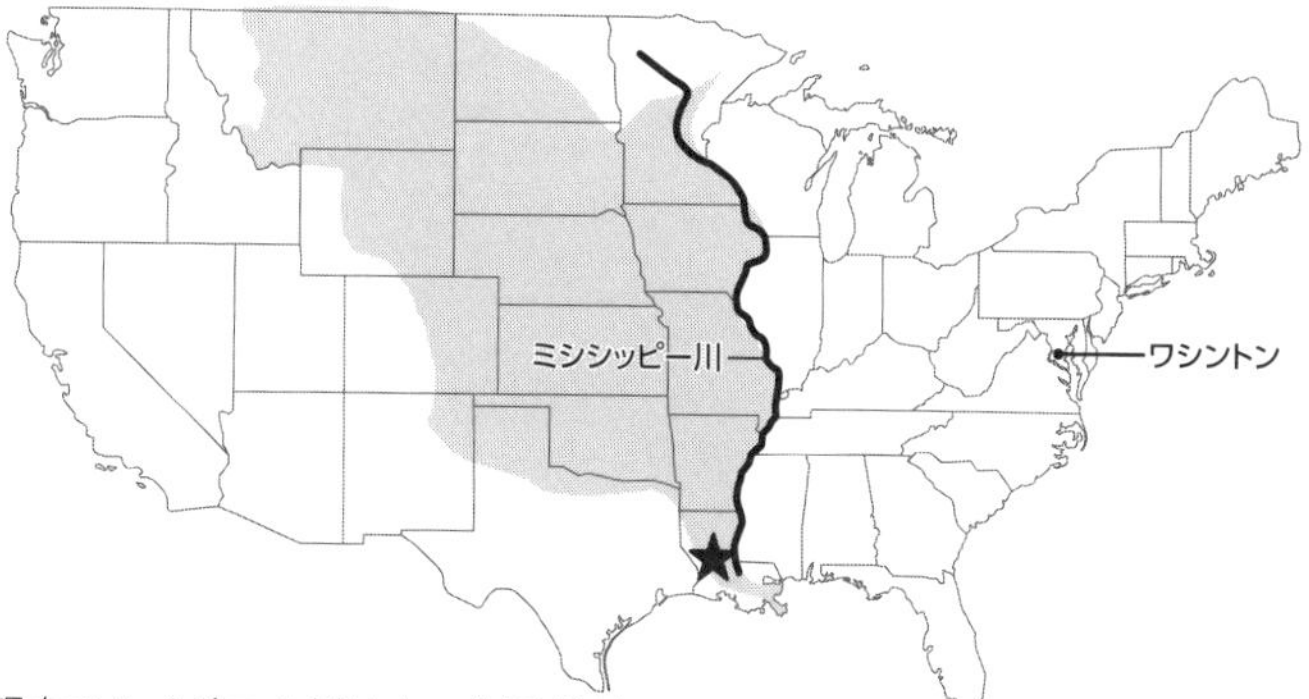

現在のルイジアナ州は★の位置だが、
当時はこの地域全体が西部ルイジアナと呼ばれていた。

平洋に抜けるルートを発見することでした。この調査は大成功をおさめ、アメリカ人は西部への関心を大きくしました。

イギリスに敗れる！

ナポレオンが皇帝を称した1804年、ヨーロッパ諸国はフランスに抵抗するため大同盟を結成して、交戦状態になります（ナポレオン戦争）。アメリカはヨーロッパ大陸の戦争に巻き込まれないように中立政策をとりました。

しかし、当時の国際情勢からして、新興国だからといって安全な立場でいられることが許されるはずもありません。

しかも中立を装いつつ、アメリカの商船は西インド諸島のイギリス・フランスの植民地から運び出した物資をいったん自国の港に上陸させ、改めてフランス・イギリスに向けて物資を積みだしていました。

これを中立とみなさないイギリス・フランス両国がアメリカの商船を拿捕することを宣言すると、アメリカ政府は法律で自国船の出港を禁止しました。

アメリカの商船は貿易ができなくなり、大損害を被《こうむ》ります。加えて農産物を輸出できなくなり、もうけがなくなった西部農民が政府への不満を大きくしたため、自国船の出港を禁止するこの法律は、イギリス（フランスも）とは貿易しないという条件つきで廃止されました。

イギリスとアメリカの対立は解消されず、逃亡兵の探索のためとして、イギリスが公海上でアメリカ船をしばしば臨検《りんけん》（船に立ち入って取り調べること）しました。国民の間には当然、イギリスに反発する感情が湧き上がっていきました。

また、当時のアメリカの西部や南部には、イギリス領のカナダやスペイン領のフロリダを領有したいという野心をもっている政治家もいました。

このような世論を背景に、ジェファソンの路線を継承していたリパブリカンのマディソン大統領（第4代）は、議会にイギリスへの宣戦布告の承認を要請しました。議会が承認した1812年、ついに開戦します。

ところが、この米英戦争でアメリカは屈辱《くつじょく》的な敗北が続きました。カナダへの侵攻は失敗に終わり、首都ワシントンD.C.がイギリス軍に占領《せんりょう》され、大統領官邸が炎上するまでの事態になります。余談ですが、戦後、官邸が再建されるときに焼け焦《こ》げた跡を隠すために白いペンキで補修《ほしゅう》されたことから、「ホワイトハウス」と呼ばれるようになりました。

米英戦争の講和条約は、1814年末にベルギーで結ばれました。この知らせがまだアメリカに届いていなかった翌年1月、ニューオーリンズの戦いで、ジャクソン将軍がイギリス軍に大勝します。こののち、ジャクソンは先住民との戦争でも勝利して名声を高め、1828年に大統領に当選しています。

西へ、西へ

フランス革命やナポレオン戦争は、ヨーロッパ各国のナショナリズム（外国からの圧力に対抗して自国の独立を保ち、発展を進める考え方）を高揚させました。アメリカも、米英戦争でかつての本国であるイギリスと完全に切り離され、アメリカ人としてのナショナリズムが高まります。そしてアメリカ人の目は西部に向きました。

当時の西部は、先住民が暮らす場所です。彼らは、イギリスやフランスの進出に対して抵抗してきましたが、全体としてヨーロッパの軍事力の前に屈《くっ》し続けていました。独立戦争では植民地側について戦いましたが、米英戦争ではイギリスと同盟してアメリカと戦いました。

1830年、連邦議会はインディアン強制移住法を制定し、先住民をミシシッピー以西に追いやりました。以後、彼らの土地はどんどん奪われていきます。

先住民と戦いながら、アメリカは北米大陸のイギリス領との国境の画定《かくてい》も進めていきました。1818年には、イギリス領カナダとアメリカの国境は北緯49度となりました。

スペインとの交渉も行われ、1819年の条約でアメリカはフロリダを買収しました。そして西部ルイジアナに関しては、さらに領土が広がり、北緯42度で太平洋に向かう階段状の国境線が引かれました。

ところで、西部とは？

米英戦争が終わった当時の「西部」とは、五大湖のエリー湖とミシガン湖の南部とオハイオ川の間の地域です（現在のオハイオ・インディアナ・イリノイの3つの州）。

この地域では、公有地が売却され、それを買った農民が移り住みました。彼らは市場に出すための小麦やトウモロコシを栽培しました。このころ運河や道路などの交通が発達し、農業がさかんになっていきます。

その後、南部（アパラチア山脈の西部からオハイオ川の南部、大西洋岸）が領土となり、そこでは黒人奴隷を使った綿花のプランテー

ションが拡大しました。

綿花の繊維《せんい》部分と種を分離するのは手間のかかる作業でした。しかしコットン・ジン（綿繰り機）が発明されると、綿花の種と繊維をすばやく分離できるようになり、生産量が増えました。そして綿花の需要も急激に伸びていきます。

農業が中心産業となった西部に対し、東海岸では、米英戦争を機に工業が発展しました。その先駆けとなったのは木綿工業です。また、経済規模が拡大するにつれ、運輸業者や銀行も成長していきました。

1816年の大統領選で圧勝した第5代ジェームズ・モンロー大統領は、国内の産業を守ることを優先し、保護貿易（輸入品に高い関税をかけたり輸入量を制限したりする政策）を実施しました。

1820年代の領土

領土は独立戦争後の３倍にまで広がった。

ヨーロッパは関わらないでくれ！

ところで、モンローといえば、アメリカの外交政策である「モンロー宣言」に名前を残します。このきっかけは、１８０４～22年に起こったラテン・アメリカ諸国の独立でした。

ヨーロッパ諸国は、次々と独立を果たす国々における貿易や土地開発の利権を求め、動きはじめました。

これに対して、当時のイギリス外相は「アメリカとイギリスで共同して反対しよう」と呼びかけました。アメリカ政府は「イギリスは強力な海軍をもっており、同盟しなくても反対を主張できるはず。わざわざ同盟をもちかけたのは、むしろわれわれ（アメリカ）がラテン・アメリカ諸国への影響力を強めることをはばもうとしているのではないか」と考えました。

そして、イギリスの申し出を拒否するとともに、「新大陸と旧大陸はたがいに干渉しない」という「モンロー宣言」を発表しました。ヨーロッパ（旧大陸）はアメリカ大陸（新大陸）に関わらないでもらいたい、と啖呵《たんか》を切ったわけです。

なお、この宣言の裏には、アラスカ方面から南下を図るロシア帝国の動きを牽制《けんせい》する意図もありました。

平等で何が悪い？

ジェファソンからマディソン、モンローと、四半世紀にわたって続いてきたリパブリカンによる政権運営は、1820年代になって少しずつ変化していきます。

その大きな要因は、以下の2つが考えられます。

①西方に領土が広がり、新しい州が誕生したこと
②独立戦争の時代を知らない国民が、社会の中核になってきたこと

領土と人が変われば、社会が変わります。すると当然、政治に対する感覚も変化していきます。

端的にいえば、「共和（君主制でないこと）」に代わる「民主（国民が平等であること）」の考え方が広がっていきました。かつて建国の指導者たちは、よくも悪くもイギリスの政治を知っている人々でした。しかし彼らはフランス革命のような混乱を嫌っていました。君主制に代わる共和制（連邦政府が統治するシステム）を主張しても、平等まで叫ぶ民主主義は避けてきたのです。

ところが、新しい州ができ、新しい考え方をする国民が増えていった結果、リパブリカンは大きく分裂していきます。

第6代アダムズ大統領（第2代大統領の子）の時代に、リパブリカンは再編成されました。中央集権的な政策を主張するアダムズと、決戦投票でアダムズに協力したヘンリー・クレイは、ナショナル・リパブリカン（のちにホイッグ党）を発足させます。

大統領選でアダムスに敗れたアンドリュー・ジャクソンの支持者は、デモクラティック・リパブリカンという政党を結成しました。これがのちに民主党となります。182

8年の大統領選では、ジャクソンが当選しました。

たたき上げのジャクソン大統領

ジャクソンとその次のマーティン・ヴァン・ビューレン大統領の時代は「ジャクソニアン・デモクラシー」といわれます。選挙権は州ごとに異なっていましたが、米英戦争後は多くの州で21歳以上の成人男子には選挙権が与えられ、州議会議員や裁判官などの選挙が行われるようになりました。

立候補する人物も変わっていきました。それまでは血筋や人柄が重視されましたが、人物の業績が重視されるようになり、いわゆる「たたき上げ」が好まれるようになったのです。

また選挙運動も、壇上で演説するばかりでなく、人々の輪の中に入っていくという手法がとられます。軍人だったジャクソンは、丸木小屋の生まれで、苦労しながらも実績を積み上げてきたことを強調して国民の目線に立ち、当選したのです。

こうした新しい波は、投票数にも現れています。アダムズが当選した際の投票数は36

万票でしたが、ジャクソンが当選したときは110万票でした。

1840年に第9代ウィリアム・ハリソンが当選した際は、240万票です。このとき、有権者の8割が投票したという記録が残っています。このような数字からも、政治の民主化が進んだことがうかがわれます。

ジャクソンの政治手法を嫌う政治家たちが彼を描いた「国王アンドリュー1世」という肖像画が残されています。ジャクソンは民主主義国家の大統領でありながら専制君主的な側面も強くもっていました。そして、国民によってえらばれた大統領には大きな権限が与えられるべき、というのが彼の政治信条でした。

ジャクソンは、政治家を補佐する官僚は政権政党が独自に任命でき、選挙運動で活動した関係者がそのポストにありつける「猟官制《りょうかんせい》（スポイルズ・システム）」を始めました。これにより、名門の家系が代々官僚を独占する体制に終止符が打たれました。

待ったをかけたメキシコ

ジャーナリストのジョン・オサリバンは、アメリカの領土拡大を正当化するため、「神によって与えられたこの大陸をわれわれが拡大する（西部を開拓する）のは、神から与えられた使命」という主旨の記事を書きました。

この記事は、オレゴン地方の領有をめぐって対立するイギリスへの意見として書かれましたが、オレゴンだけでなく、当時のアメリカ全土の機運を代弁していました。

領土を広げるアメリカに「待った」をかけたのは、イギリスではなくメキシコでした。1821年にスペインからメキシコが独立すると、テキサスはメキシコの領土となります。メキシコ政府は国家戦略としてテキサスの開拓を進め、入植者を募集しました。たくさんのアメリカ人が応募し、1830年には2万人あまりにも達しました。メキシシコはあわててアメリカ人の移住を禁止しますが、効果はありませんでした。そして1836年には、入植した人々がテキサス共和国の独立を宣言します。こうなると軍事衝突は避けられません。

独立を訴えて「アラモの砦《とりで》」に立てこもったテキサスのアメリカ人約200人は、メキシコの大軍に攻められて壊滅《かいめつ》しました。1カ月後、南部諸州の義勇軍がメキシコ軍を破ります。テキサス共和国は、アメリカ合衆国に奴隷州（奴隷制度を認める州）として併合されることを希望しました。

メキシコとの戦争を避けたいアメリカ

テキサスを併合したときの領土

ポーク大統領はテキサス共和国を併合したのち、カリフォルニアとニューメキシコ（斜線部分）もメキシコから買収した。

議会は、この提案を否決します。

しかし、1845年に第11代大統領となったジェームズ・ポークが流れを変えました。膨張主義者のポークは、就任するやいなやテキサス併合を決めてしまいました。同時に、オレゴン問題では北緯49度線を国境とします。

ポークはオレゴン南部のカリフォルニアの領有もねらっており、オレゴン問題の最終決着が見えたところでメキシコと開戦します。

2年の戦いののち、アメリカはテキサスを正式な領土とし、さらにカリフォルニアとニューメキシコをメキシコから強引に買収しました。

　こうして、アメリカの領土は、独立戦争後から見れば3倍にまで広がりました。

移民がもたらしたもの

　領土が広がると人口が増えていきます。ただし、国内人口がいきなり増えることはありません。

　アメリカはヨーロッパから多数の移民を迎え入れました。1830年代の移民は54万人あまり、1845年から55年までの10年間で、じつに300万人もの移民がアメリカにやってきました。

「自由に暮らしたい」という夢をもったヨーロッパの20〜30代の若者が、新天地アメリカにやってきました。アメリカで民主主義が広がっていったのは、こうしたヨーロッパ

そのころ、日本では？

1845年、アメリカの捕鯨船マンハッタン号が、浦賀に現れました。日本近海で漂流していた日本人を送り届けるためです。幕府は助けてもらったお礼として水や食料などを渡し、感謝の意を示しました。のちに来航するペリーは、帰国したマンハッタン号の船長に話を聞いたといわれます。

移民の影響も考えられます。

ただし、アメリカに渡った移民が、全員幸せになれたわけではありません。移民の多くを占めたドイツやアイルランドの出身者は、カトリックを信仰していました。言語が通じないことはもちろん、ピューリタンの多いアメリカ人との摩擦《まさつ》を引き起こします。

また、若い移民たちは、ボストンやニューヨークなどの都市部に住み、低賃金の工場労働者として働き始めました。もともとそこで暮らしていたアメリカ人の仕事を奪うことになってしまったのです。

全体として見ると、移民の多くは西部・南部の農業に従事しました。一方で北部に移り住んだ人は少なかったため、この地域の製造業は停滞しました。このような背景から、北部では人力に頼るのではなく、機械技術を導入していこうという考えが広まっていきます。

たとえば銃は、それまで注文を受けたときに職人が一丁ずつ手づくりしていましたが、規格化したパーツを組み立てる方式が考えだされました。効率が大幅に向上し、製造業が発展していきました。

飲みすぎ注意！

広大な領土に恵まれたアメリカは、多くの移民を受け入れることで経済発展の基盤を整えていきました。しかし、一部では失業などの不安もあり、新しい問題が現れました。酒浸《さけびた》りになる若者が増えたのです。

当時は、ウィスキーやジンなどアルコール度数の高い酒がよく飲まれました。特別な楽しみもない労働者は、酒で憂《う》さを晴らしていて、子どもがそれをまねるようになったのです。酒浸りになって貧困におちいる者も出て社会問題となり、禁酒協会が立ち上げられるなどの禁酒運動が始まります。

ひみつコラム

名家と名門

アメリカンドリームをつかみ取った大富豪&名門ファミリー

事業や政界で成功し、現代アメリカの表舞台で活躍する名門一族をご紹介します。

まずはケネディ家。35代大統領となったケネディが有名です。19世紀にアイルランドからやってきたパトリック・ケネディに始まり、その息子パトリックが経営した酒場の成功をきっかけに州議員となり、その息子ジョセフを経て、ジョセフの子、ジョンが大統領に当選。アメリカ史上唯一のカトリック系大統領となりました。

ケネディ家をロイヤルファミリーといわしめたジョンは１９６３年に暗殺されますが、子孫たちが近年、次のアメリカを担《にな》うべく成長してきています。

続いてヒルトン家。世界有数のホテルブランドを経営する一族です。コンラッド・ヒルトンが自宅の空き部屋をホテルとして提供したことに始まり、世界80カ国に数千軒を展開するホテル事業に発展。コンラッドは倍ほども年のちがう妻との結婚やたび重なる

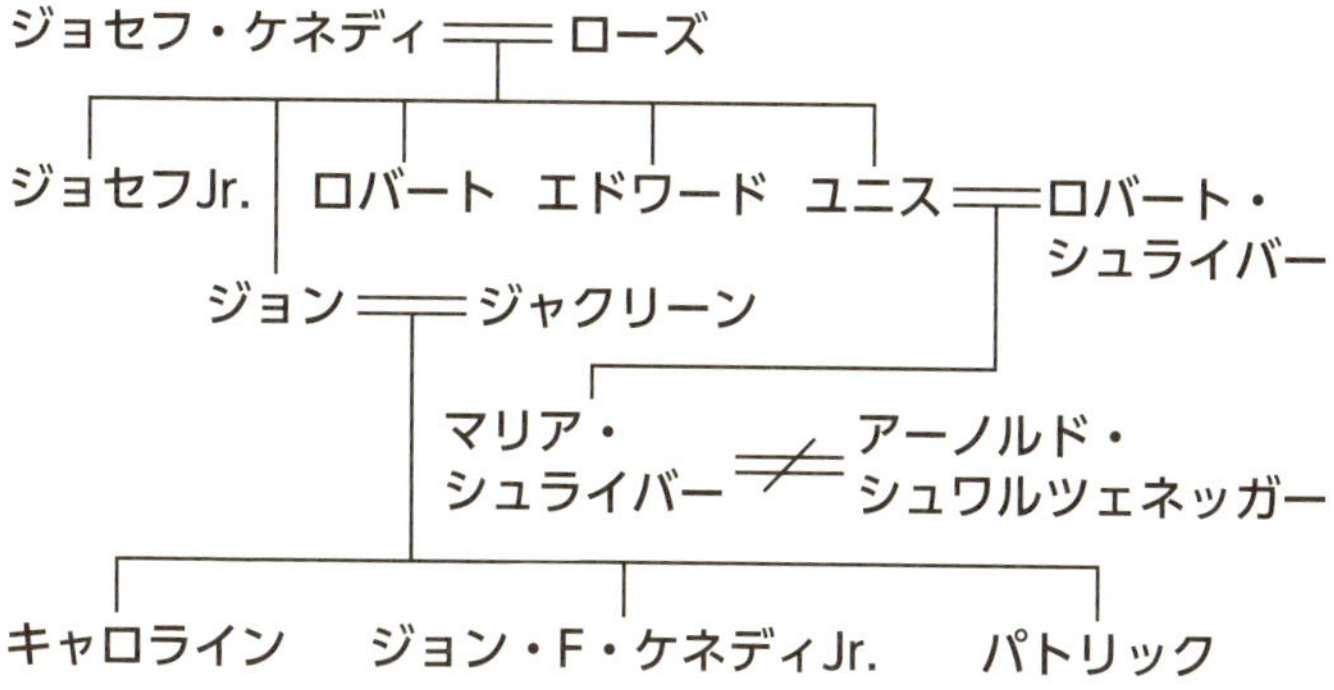

ケネディ一族は、多くが政治家の道に進んでいる。駐日アメリカ大使を務めるキャロライン・ケネディは、ジョンの長女。ジョンのめいにあたるマリア・シュライバーは、かつて映画俳優・元カリフォルニア州知事のアーノルド・シュワルツェネッガーと夫婦だった。

離婚などゴシップが多い人物で、ひ孫にあたるモデルのパリス・ヒルトンは飲酒運転や不法薬物所持で逮捕、その妹ニッキーは富豪ロスチャイルド家の御曹司と結婚など、お茶の間をにぎわせています。

　幅広い事業を手がけるメロン財閥は、父とアイルランドから移住してきたトーマス・メロンに始まります。不動産売買で成した財を息子アンドリューが一流の銀行に発展させたところから、アルミニウムを皮切りに、石油、金融、鉄鋼、鉄道、化学、食品などに出資を拡大し、巨財を築きました。

　人工知能の名門カーネギーメロン大学は、アンドリューが設立したメロン工業研究所とカーネギー技術学校の合併でできた学校です。

知れば知るほどおもしろいアメリカの偉人❸

莫大な富を築いた石油王

ロックフェラー

John Davison Rockefeller

（1839 ～ 1937）

卓越《たくえつ》した計算力で会計係から大富豪に

行商人の息子としてニューヨーク州に生まれたロックフェラーは、16歳で農産物仲買商の会計係になったのち、19歳で独立。石油業に興味をもち、30歳でスタンダード・オイル社を設立。本格的な事業に乗りだしました。

石油のもととなる原油の採掘が本格化した1860年代に参入したロックフェラーは、法整備が行き届いていなかった時代に価格操作などで他社を圧倒し、独占的な市場を作り上げます。非情なまでの手腕でスタンダード・オイル社を大企業に成長させたものの、強引な事業運営のため各所から強い批判が寄せられました。

ロックフェラーは58歳で事業を息子に譲り、その後は慈善事業に傾倒《けいとう》。世界中の医療や教育、芸術など、多分野に支援を行うロックフェラー財団を設立します。今も世界で強大な存在感を放つ一族を形づくったロックフェラーは、97歳で天寿をまっとうしました。

chapter 4

南北戦争と奴隷制

奴隷の何が問題なのか？

黒人奴隷は建国当時からアメリカの課題でした。初めは「黒人」より「奴隷制度」が課題であったといったほうが正しいかもしれません。独立宣言の「すべての人は平等に創られ〜」に矛盾《むじゅん》する非人道的な奴隷制度はどうしても説明がつかないものでした。

暮らしに奴隷が必要な人がいる反面、自由を奪って働かせることに対して明確に反対する人々もおり、さらにはアメリカから黒人を追い出すことを考える人もいました。

当時のアメリカは「ホワイト・アングロサクソン・プロテスタント（WASP）」つまり、「白人」が中心の国家でした。そのため、アメリカ国内には白人の国家に黒人が存在するというのは許しがたい、というナショナリズムも生まれました。

19世紀になると、黒人を移住させようという動きが出てきました。1816年には、解放された黒人奴隷やその子孫をアフリカへ移住させることをめざす、アメリカ植民地協会が設立されました。

1822年、アメリカはアフリカに植民地を獲得します。モンロー大統領は、ラテン語の「自由（liber）」にちなんでリベリアと命名し、みずからの名にちなむモンロビアという町を建設させました。そこに奴隷から解放された黒人が送られます。

ところが、現地で流行する病気にかかって多くが命を落としたり、現地の部族に襲われたりして、リベリアは混乱しました。１８４７年、リベリアはアメリカから独立して、ハイチに続く2番目の黒人共和国になりました。

コットン・キングダムの裏側

１６１９年にヴァージニアに初めて黒人奴隷19名がもたらされて以来、１８０７年のイギリスによる奴隷貿易の禁止を経て、１８６５年に南北戦争（96ページ）が終わるまで、アフリカからアメリカに輸入された黒人奴隷の数（密輸もふくむ）は、50万人あまりといわれます。

同時期に南北アメリカ大陸全体に渡った黒人が１５００万人（１２００〜６０００万人まで諸説あり）とされますから、その4パーセントあまりです。南北戦争のころのアメリカの黒人人口は、約４００万人（５００万人とも）とされています。アメリカ国内で生まれた黒人が非常に多かったのです。

奴隷には人格が認められていませんが、所有者にとっての財産なので損になるような扱いはできません。労働は過酷で、1日18時間働かされることもありました。ただし、財産の価値が下がらぬよう食事を与えられ、定期的に医療もほどこされました。

奴隷制で問題になる南部は、高南部と低南部に大きく分かれています。高南部ではタバコや穀物の栽培、家畜の飼育などの自営農民や小規模な奴隷所有者が多く、奴隷人口は多くありません。増えすぎた奴隷を低南部に売却するという取引も行われていました。

低南部のルイジアナからジョージアに至る一帯はコットンベルトと呼ばれ、綿花の栽培がとくにさかんでした。この地域の1830～60年代の綿花輸出額は、アメリカの貿易総輸出額における4～6割を占めていました。この低南部でプランテーションを営む人々は、多くの奴隷を必要としていたのです。

生産された綿花はイギリスにも輸出されます。その輸送を担ったのは北部の運輸業者でした。低南部では、倉庫利用料や保険料、工業製品の輸入はすべて北部の運輸業者や商人、金融業者の言われるがままでした。

綿花がもうかる限り、南部には奴隷が必要で、工業化は難しい状況だったのです。

自由州か、奴隷州か

西部開拓が進み、そこに新しい州ができていくとき、奴隷制を認める「奴隷州」とするか、奴隷制を認めない「自由州」にするかが問題になりました。

独立直後のまだ憲法が制定されていない1787年、政府は新しく得た領土の統治方針を「北西部条例」という法律によって定めました。ここでいう北西部とは、五大湖とオハイオ川、ミシシッピー川（上流）に囲まれた地域で、現在イリノイ・インディアナ・オハ

南北戦争前の自由州と奴隷州

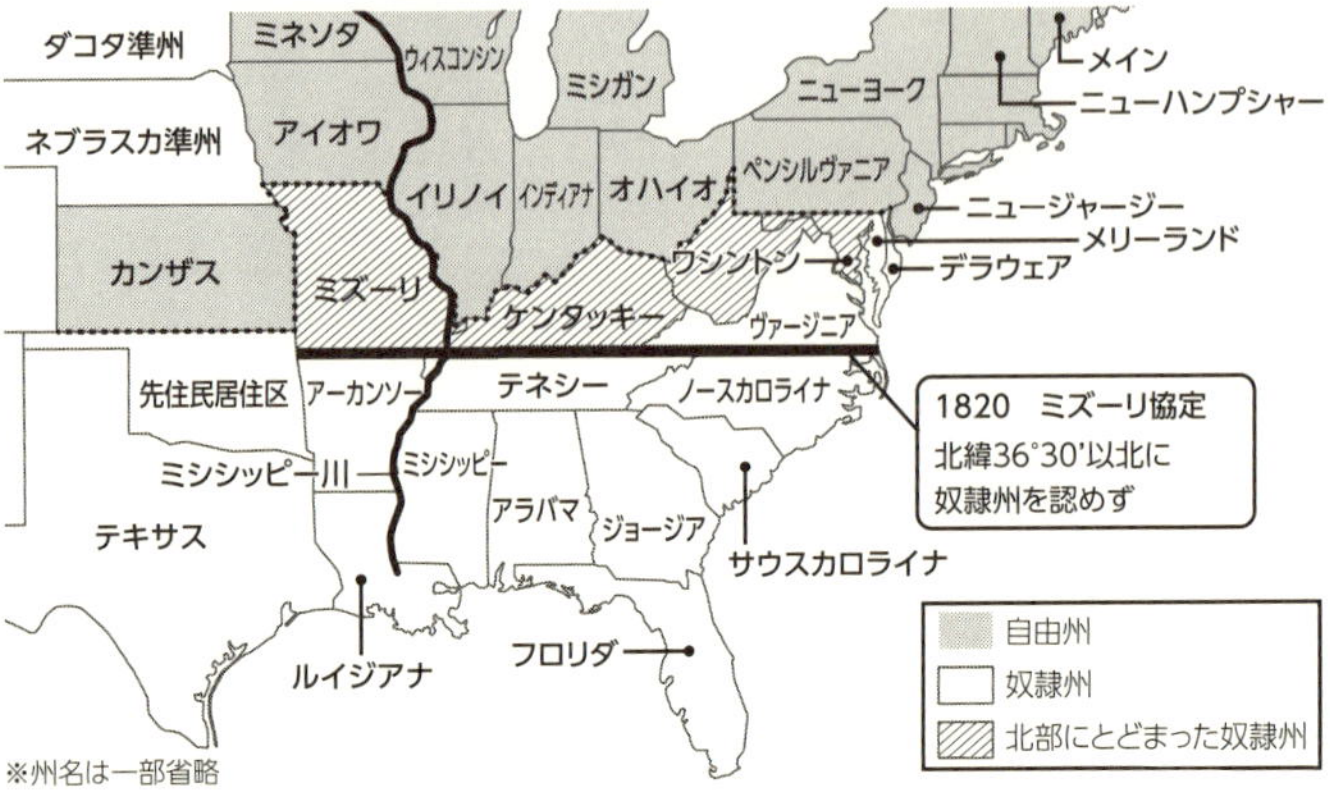

※州名は一部省略

イオの３つの州がある地域です。

北西部では奴隷制が認められず、それ以外では奴隷制が認められることになりました。

奴隷制に反対する州が増えると、奴隷制のある州には経済・社会基盤を失いかねないという危機意識が生まれました。

そして、ヴァージニアがケンタッキーを、ノースカロライナがテネシーを、ジョージアがミシシッピーやアラバマをそれぞれ分離して、奴隷州の数は増えていきました。１８１９年の段階では、アメリカには計22の州が存在し、自由州と奴隷州はそれぞれ11ずつでした。

この状況のなか、奴隷制を掲げるミズーリ準州が州に昇格されることになりました。下院議会は自由州の出身議員が多かったことから、議論は紛糾《ふんきゅう》しましたが、最終的にミズーリ州は奴隷州として誕生します。

このとき、自由州と奴隷州の数のバランスを保つために、マサチューセッツ州から分離したメイン州が、新たに自由州として誕生します。

さらに、以後新しくできる州は北緯36度30分を境に北は自由州、南は奴隷州となることが決まりました。これを、「ミズーリ協定」といいます。

黒人奴隷も黙っていない

不自由な生活を強いられた黒人たちは、いろいろな形で抵抗しました。一般的なものはサボタージュ（職務放棄）です。ほかにも盗み、逃亡などがありましたが、逆に暴力は極端に少なかったとされます。暴力的な抵抗があると、

そのころ、日本では？

1820年代、江戸幕府はたびたび現れるイギリスやロシアの軍艦への対応に追われていました。それまでは燃料や水を提供して静かに出て行ってもらう、という方針でしたが、1825年に方針を180度転換。異国船打払令《いこくせんうちはらいれい》を発し、「砲撃《ほうげき》して追い返せ」という方針になりました。

社会に大きな衝撃を与えました。

　黒人奴隷による暴力的な抵抗で最大のものは1831年にヴァージニア州で起きたナット・ターナーの反乱でした。

　ほかの奴隷たちに尊敬されていたターナーは、はじめ数人の奴隷たちと反乱を起こし、約60人の白人を殺害しました。すぐに軍隊によって鎮圧《ちんあつ》され、ターナーは絞首刑になりますが、この事件によって奴隷の武器所持や夜間外出が禁止されるなど、取り締まりが強化されました。

　反乱を起こさないでも、奴隷解放運動に取り組んだ人物もいました。

　メリーランドで生まれたフレデリック・ダ

グラスは北部へ逃亡し、『解放者』という機関誌を発行していた白人のウィリアム・ロイド・ギャリソンの影響を受け、解放運動に身を投じました。

北部へ逃亡した黒人を支援する組織もつくられました。ダグラスと同じメリーランドに生まれたハリエット・タブマンという元奴隷の女性は、南部に何度も侵入して黒人の逃亡を助けました。10年間で300人あまりを逃亡させたといわれます。

ゴールドラッシュ！

ミズーリ協定の成立後、自由州と奴隷州が3つずつ新たに誕生し、州の数は全部で30となりました。自由州と奴隷州は15対15で、数のバランスがとれていました。それを崩すことになったのが、1850年のカリフォルニアの新州昇格問題です。

メキシコとの戦争の結果、アメリカ領になったカリフォルニアで1848年に金鉱が発見されます。これが全土に伝わると、一攫千金《いっかくせんきん》をねらう人々が西部におしかけました。

翌年には10万人ともいわれる人々が、船や幌《ほろ》馬車でカリフォルニアにやってきます。

その後、カリフォルニア以外でも金鉱が見つかるたびに人々がおしかけて、西部への人口流入が劇的に進みました。これがゴールドラッシュです。

ジーンズメーカーのリーバイスは、ゴールドラッシュの時代に創設されました。ドイツから移民としてやってきたリーバイ・ストラウスは、金鉱に集まる人々にデニムパンツを販売して一代で財を築きました。

いわゆるアメリカン・ドリームを実現したのです。

奴隷のあり・なしが投票で決まる？

1850年、ミシシッピー川まで鉄道が伸び、さらにゴールドラッシュで人口が増え、カリフォルニアは州になる資格を得ました。当時、オレゴンなどが自由州になると予想されていたため、奴隷州は危機感をもっていました。

アメリカ議会では民主党の若手指導者であるスティーブン・ダグラスが南北対立の調停に乗りだします。ダグラスは、カリフォルニアを自由州にする一方で、以後新しく成立する州は、住民が自由州にするか奴隷州にするか選べることや、逃亡した奴隷の取り締まりを強化することなどを国民に約束したのです。

その4年後、カンザスとネブラスカが新しく州に昇格することになりました。このとき、奴隷制を導入するかどうかは住民投票で決めるという「カンザス・ネブラスカ法」が制定されました。

そもそもカンザスとネブラスカは、ミズーリ協定で「新たに奴隷州をつくらない」と決まっていた北緯36度30分より北にあります。つまり自由州になるはずだったのですが、協定は無効となり、抗議は無視されてしまいました。

住民投票の法律ができると、カンザスには奴隷制の賛成派と反対派がそれぞれ人を送り込み、両者の間で「流血のカンザス」といわれる武力衝突が起こるまでになりました。連邦議会内でも両者の対立は収拾不可能な状態になります。このカンザス・ネブラスカ法に反対する人々のグループが、のちに共和党を結成します。

1846年、ミズーリ州の奴隷ドレッド・スコットが、「かつて主人に連れられ自由州のイリノイ州に住んだことがあるから、自分は奴隷身分から解放されている」として訴訟を起こしました。

これに対する連邦最高裁判所の判決は、「合衆国は黒人の市民権を認めていないから、そもそも訴訟権はない」という内容でした。36度30分以北の奴隷制を禁止したミズーリ協定が、明確に否定されたのです。

弁の立つ男・リンカン

カンザス・ネブラスカ法をまとめたダグラスと同じ、西部イリノイ州に共和党のホープとして現れたのが、リンカンです。奴隷制度について、両者は別の考えをもっていました——と言葉でいうのは簡単ですが、事情はもう少し複雑です。

ダグラスは、自由州が増えて奴隷制が消滅することに危機感をもっていたのに対し、リンカンは奴隷制には反対するものの、黒人は白人と平等であると強調していたわけでもありません。

リンカンは世論の動向を読める政治家でした。北部や西部の人々は、奴隷制度を道徳的に悪であると考えていて、その感情は人間のもつ正義感によるものであり、大切なものであるとリンカンは評価しています。一方で、やはり人々の多数意見をふまえて、黒人に対して白人と平等な権利を与えることには反対しているのです。

1858年のイリノイ州の上院議員選挙で、共和党からはリンカンが立候補し、民主党は現職のダグラスが迎えうちました。両者の間でくり広げられた激しい論争を「リンカン・ダグラス論争」といいます。論争は会場を変えて何度も行われました。

リンカンは「すべての地域において奴隷は合法であるとしながら、奴隷制の導入に対して住民投票を行うのは矛盾している」と主張しました。

さらに彼はダグラスに、「奴隷州になることになっている地域が州に昇格するとき、住民投票で自由州になることがありうるのではないか」と尋ねました。

これは、ダグラスには答えづらい質問でした。イリノイ州は自由州支持者が多いため、上院議員選挙に通ることを考えてNoと答えれば不利になります。ところが、大統領選挙では南部の支持を集めることができて有利になります。Yesと答えるとその逆になります。

Ｙｅｓと答えてもＮｏと答えてもダグラスにはメリットがありません。結局、ダグラスは質問に答えませんでした。ただし、選挙は現職の強みを生かしたダグラスが勝利しました。

それでも民主党の大物と堂々と渡りあったことでリンカンの知名度は上がり、１８６０年の大統領選挙で共和党の候補として１８７万票を獲得。１３８万票のダグラスを破って、第16代大統領に当選しました。

しかしこれは、アメリカにとって新しい試練の始まりだったのです。

続々と離脱する南部州

リンカンの大統領当選が決まると、奴隷州であるサウス

そのころ、日本では？

リンカンとダグラスが論争をくり広げた1858年、日本とアメリカの間で日米修好通商条約が結ばれます。条約締結をめぐって世論は二分されますが、幕府の方針に批判的な態度を示す人物を大老の井伊直弼が弾圧しました。安政の大獄が始まったのです。

カロライナの州議会は満場一致で連邦からの離脱を決議しました。さらにフロリダ、ジョージア、アラバマ、ミシシッピー、ルイジアナ、テキサスが続いて離脱しました。

合衆国憲法は、各州に多くの権限を認めています。州が連邦の意向に反対して離脱できるのかという意見も出ましたが、憲法には離脱に関する規定はありませんでした。

1861年2月、連邦を離脱した諸州が南部連合を結成します。そしてミシシッピーの政治家、ジェファソン・デイビスが大統領に選ばれました。

ところで、離脱した州のなかにヴァージニアがありません。この段階でヴァージニア西部の人々が分離に反対し、新たにウエストヴァージニアをつくって連邦にとどまったのです。なお、南部に属するノースカロライナなどにも、分離反対派がいました。

南部連合には、「北部は自分たちの離脱を認めざるをえなくなり、分離後も友好関係を望むだろう。もしそのもくろみが外れても、自分たちは独立して国家を運営する力をもっており、北部に十分対抗できる」という確信がありました。

リンカンは、3月4日の大統領就任演説で「奴隷制度がある諸州には、直接的にも間接的にも口を出さない」としつつも「いかなる州も連邦を離脱することはできない」と、南部の離脱を認めず連邦を維持する決意を表明します。
こうして、南北の武力衝突は避けられない状況に至りました。

ついに開戦!

連邦を離脱したサウスカロライナ州の海上に、サムターという要塞がありました。南北の対立が決定的となってからも、ここに連邦軍（以後「北軍」とします）がとどまっていました。南部連合にとって国内に連邦旗がひるがえるのはおもしろいことではなく、また連邦側は食糧や援軍を送って保持しなければなりません。

しかし、就任したばかりのリンカンは指導力を十分に発揮できず、かつ政府内の意見もばらばらで、対応を決めかねていました。そんなさなかの1861年4月12日、南部連合がサムター要塞を攻撃して陥落《かんらく》させます。この知らせを聞いたリンカンは、奴隷制を維持したい南部連合の離脱を阻止《そし》するという大義名分ができて喜びました。

リンカンは北軍を召集します。すると、離脱を最後まで迷っていたヴァージニアが離脱を決め、テネシーなども続いて離脱しました。こうして、北部および北西部23州と南

南北の対立

	北部（東部）	南部
生産物	工業製品	綿花
中心勢力	銀行家　産業資本家	プランテーション経営者　大地主
国家体制	連邦主義（中央集権主義）	州権主義（反連邦主義）
奴隷制度	拡大に反対	肯定
支持政党	共和党	民主党

人口（%）
1850万人
900万人うち奴隷350万人
工業生産（%）
15億ドル
1.5億ドル
動員兵力（%）
約200万人
約85万人

「最新世界史図説タペストリー」（帝国書院）をもとに作成

部11州の間で南北戦争が始まりました。

開戦時の軍事力を比較すると、北軍が優勢でした。そもそも、当然ながら連邦側には国家としての機能が整っていましたが、離脱した南部連合にはまだそれがありません。連邦側の人口は1850万、南部連合は奴隷をふくめて900万です。鉄道は北部を中心に発達しており、南部は十分な輸送ルートがありませんでした。

このように、物量で連邦側が圧倒していたにもかかわらず、この戦争は長引きました。

なぜなら、北軍は戦争でもっとも重要である軍人の資質がイマイチだったのです。北軍の将軍たちはそもそも政治家であり、戦術に関しては素人《しろうと》同然でした。一方の南軍には、連邦軍を抜けた軍人がそろっていました。戦うことを本分と考える南軍の軍人の代表格が、リー将軍です。

ただし、北軍の総司令官でもあるリンカンだけは、優秀な戦略家でした。この戦争の原因である黒人奴隷は、いつか解放しなければなりません。戦況《せんきょう》が悪い段階でそれを行えば、西部や北西部で連邦を離脱する州が出てこないとも限りません。開戦直後の北軍は不利な状況にあり、リンカンは時機を待ちました。

北軍の反撃は、開戦から1週間後。リンカンは港を封鎖して、南軍の補給ルートを絶ちました。さらにリンカンは南部の地形にも注目しました。中央部に重要な拠点《きょてん》が集まっていたのです。1862年以降、北軍はアパラチア山脈から西方、ミシシッピー川から東方への進攻に主眼を置きました。南部の中央を占領しようとしたのです。この方面での戦闘で、北軍ではグラント将軍が頭角《とうかく》を現し、次々と勝利を収めます。

リンカンの胸の内は?

1862年9月、リンカンは「解放宣言」を出します。これは、南北戦争における戦略の一環であり、内容は「解放に向けての予備宣言」でした。

　このとき、リンカンは、「すでに北軍が占領している地域の奴隷は解放の対象から除外する」としました。連邦内にとどまっている州の奴隷所有者が反発しないようにするためです。

　また、解放を宣言することで南部諸州の黒人奴隷がプランテーションから逃げだすことをねらっていました。南部で解放された黒人たちが北軍に入ってくれれば、戦争をさらに有利に運べるという読みもありました。

　1863年、リンカンは正式な奴隷解放宣言を発表しました。

　その前年、リンカンは知り合いのジャーナリストに、「戦争の目的は合衆国を救うことであって奴隷の解放では

そのころ、日本では？

南北戦争のころの日本は幕末の騒乱のまっただ中。とくに攘夷の気運が高まっていた時期で、大名行列を横切ったイギリス人を無礼と切り捨てた生麦事件（1862年）、その報復でイギリス艦隊が薩摩《さつま》（鹿児島県）を砲撃した薩英戦争（1863年）が起こっています。

ない。１人の奴隷も解放しないで連邦が救えるならそうするし、すべての奴隷を解放して、かつ連邦が救えるならそのようにする」という内容の手紙を書きました。

さらにその手紙には、「自分自身は、人間は自由なものであって、奴隷は解放されるべきものであるという信念は変えていない」とも書いています。

南北戦争の戦況は、ヨーロッパでも注目されていました。

貿易などで結びつきの強いイギリスが横やりを入れてくる危険性もありました。もし、イギリスが南部連合と連《れん》

携《けい》したら……。もし、ヨーロッパ諸国がアメリカの発展に脅威を感じて軍を送ってきたら……。歴史にifはありませんが、結末はちがっていたかもしれません。

北軍が明らかに優勢になると、リンカンは「現在行われている戦争は政治闘争ではなく、奴隷解放という高貴な目的をもったものである」と諸外国にアピールしようと考えました。奴隷をお金と交換して解放してもよいという妥協策も用意し、南部連合の抵抗をなるべく小さくする手段によって奴隷解放が始まります。

そして1863年1月、リンカンは「アメリカ全土で、反乱中の州の奴隷が解放され、自由な立場になる」ことを宣言します。黒人奴隷を軍に迎え入れることも宣言文に明記され、50万近い黒人が陸軍・海軍・その他の軍役労務につき、北軍の勝利に大きく貢献しました。

人民の人民による人民のための政治

奴隷解放宣言が出されたころ、南軍は軍事費が底をつき劣勢に立たされていました。

南軍のリー将軍は事態を打開すべく、ペンシルヴァニアに入ります。1863年7月、最大の決戦となるゲティスバーグの戦いが行われました。砲弾が飛び交うなか、3日間にわたる激闘がくり広げられます。

双方の死傷者は計5万人とされ、最終的に全軍の3分の1を失った南軍は敗走します。同じころ、北軍のグラント将軍がミシシッピー川にある要塞ヴィックスバーグを占領しました。

同年の11月、ゲティスバーグで行われた戦死者の追悼《ついとう》集会で、リンカンは短い挨拶《あいさつ》をしました。その最後に「(ゲティスバーグで亡くなった人たちは)人民の人民による人民のための政治を地上から永久に消滅させないために(命を捧《ささ》げた)」と述べました。これは、かつての独立宣言を言い換えたものと解釈され、聴衆《ちょうしゅう》に建国の精神を思い起こさせました。

1865年、リッチモンドとアトランタの攻防で敗れたリー将軍がついに降伏し、南北戦争は事実上終結します。この戦争では、殺傷力の高いライフルや大砲などの兵器が登場しました。また、捕虜収容所の衛生状態が悪く、疫病《えきびょう》による犠牲者が多数発生しました。

リンカン、暗殺される！

リー将軍が降伏した5日後、事件は起こりました。ホワイトハウスの近くにあった劇場で、リンカンが暗殺されたのです。

リンカンは、ジョン・ウィルクス・ブースという役者に背後から頭を撃たれ、翌朝死亡します。撃ったブースはメリーランド出身で、南部連合を支持していました。銃撃直後に舞台に立ち、「暴君はつねにこうなるのだ」と叫んだといわれます。ブースはそのまま逃亡し、11日後に射殺されました。

戦勝ムードは一気にしぼみ、戦後の処理は副大統領だったアンドリュー・

ジョンソンが引き継ぐことになりました。南部の貧しい農家で生まれ育ったジョンソンは、民主党員でありながら奴隷を使うプランテーション経営者と敵対し、連邦からの離脱にも反対していました。

ところが、大統領になったジョンソンは再建を南部の白人に任せました。南北戦争後に決まった連邦政府の南部に対する方針は、白人による支配をやめさせることでしたが、その方針を転換したのです。

指揮官をふくめて白人には寛大で、連邦への復帰や黒人奴隷の解放を条件として、戦争を行った罪は許されました。州政府を次々に復活させ、連邦議会選挙も行います。ここで選ばれた南部の議員は連邦議会に出席できました。さらに各州の議会に「ブラック・コード（黒人取締法）」といわれる新たなルールがつくられました。

このブラック・コードは、黒人に対して財産所有権・結婚権などいくつかの権利を認めたものの、白人との結婚を禁止したり、移動・職業選択・土地の所有などに新たな規制を加えています。

解放された黒人が人としてカウントされると、人口に応じて議員数の決まる下院では、南部の議員が増えました。その結果、少数派になることを怖れた共和党は、南部出身の議員を締め出すべく、自分たちに都合のよい南部再建策を講じるようになりました。

しかし、ジョンソン大統領はこの再建策を拒否。1866年に法の下の平等など、市民権を保障する憲法（修正14条）が成立しました。

こうして、黒人の権利は拡大していきますが、一方でKKK（クー・クラックス・クラン）のような白人至上主義組織が生まれます。KKKは黒人の迫害だけでなく改革派に対する選挙妨害を行うようになりました。この組織が法律で禁止されても、類似の団体が次々と現れました。

1870年には憲法（修正15条）によって黒人に選挙権が与えられ、南部各州で黒人が選挙に参加し、黒人の議員や公務員が現れはじめ、教育無償化《むしょうか》などの政策が実行されました。ただし、州の法律によって選挙権はだんだんと制限されていきます。

知れば知るほどおもしろいアメリカの偉人❹

自動車を普及《ふきゅう》させた技師

フォード

Henry Ford

（1863～1947）

自動車の力で人々の暮らしの向上を

私たちの生活に欠かせない移動手段となっている自動車は、18世紀後半から作られはじめましたが、当初は富裕層にしか買えないとても高価なものでした。これを庶民《しょみん》にも買えるようにしたのが、フォードです。

ミシガン州の農家に生まれたフォードは、自動車の力で農家の仕事を楽にしたいという考えから、ガソリン自動車の開発に取り組みました。1903年に会社を設立し、試作を重ねて売り出したガソリン自動車「T型フォード」は、ベルトコンベアのような流れ作業で部品を組み立てていくことで効率よく大量につくられ、他社の製品を圧倒する低価格を実現しました。

フォードは利益で労働者の賃金を増やし、彼らにも自動車が買えるようにしました。こうしたフォードの取り組みにより、自動車はお金持ちの娯楽《ごらく》から庶民の生活手段へと変化したのです。

chapter 5

第1次世界大戦

大陸横断鉄道、完成

独立以来、アメリカは「戦争」があるたびに領土や経済規模が拡大していきました。1812～14年に起こった米英戦争（第2次）では、かつての本国イギリスとの交易が一時遮断《しゃだん》されます。そこで自力で産業振興を図った結果、東北部では鉄鋼業などがさかんになりました。

また、働き手が不足したため、機械化が進みました。こうして、工業国としての素地ができあがっていきます。

やがて国内の銀行だけでは業者の資本がまかないきれなくなり、イギリスを始めとするヨーロッパ諸国の銀行から、多くの資本が投入されるようになりました。おもしろいのは、本国イギリスとの関係です。独立以降もたびたび対立しますが、戦争が終わってしばらくすると、また良好な関係に戻っていきます。

南北戦争中の1863年、国法銀行法が制定されました。それまでの州ごとに設立されていた銀行では工業生産を支える資本が足りず、時に経済混乱を招いていました。しかし、国法銀行がドルを発行するなどの政策を行うようになり、経済は中央集権化されていきます。

　国法銀行ができたことで鉄鋼、産業機械、繊維や食品、石油、化学、電気、通信などの新しい産業が次々と勃興《ぼっこう》しました。そんななか、１８６９年にアメリカで初めての大陸横断鉄道が完成しました。

　中部ネブラスカ州のオマハから、太平洋岸のカリフォルニア州サクラメントまでをつなぐユニオン鉄道は、１８５９年にリンカン大統領の指示で建設がスタートしました。

　両端から線路を敷いていく工事はじつに10年におよび、ユタ州プロモントリーでつなが

りました。ユニオン鉄道は農作物や木材、鉄鉱石を運び、産業の発展に貢献しました。

その後1880年代には、続々と大陸横断鉄道が開通しました。南北戦争時代から1900年ごろまでの約40年間で、アメリカはイギリスを抜いて、世界一の工業国になりました。工場で働く労働者が増え、都市も発展していきます。工場への人員を供給する都市は、巨大な消費市場となりました。

都市の住民たちは、かつて自給自足でまかなっていた食品や衣料品を買い求めるようになりました。そのニーズを受けてデパートやチェーン・ストアが誕生します。一部には農村の人々を相手にカタログ販売をする業者も登場しました。

建国以来、「自由主義」を掲げるアメリカは、急激に大国へと成長しました。企業どうしの競争も激化していきます。皮肉なことに、自由競争は「独占」も生みだしました。ウィスキー・砂糖・牛肉などの食品業界では競争の末に勝ち組が生まれました。この一部の勝ち組は他者を次々と買収して業界全体を支配する巨大企業となりました。

この財源を確保するために設立されたのが、投資銀行です。現代にも名を残すモルガン一族は最初、その投資家・銀行家として名を馳せました。やがて、一族はモルガン財《ざい》閥《ばつ》をつくり、最盛期には10社以上の鉄道会社を支配下に収めるなど、絶大な影響力を誇りました。

発明大国に！

アメリカの19世紀末は、発明の時代でもありました。とくに有名な人物は１８７６年に電話を発明したベルです。１９００年ごろには全米で１３５万台の電話加入があったとされます。当時は家庭用の電話ではなく、企業や工場などの電話網が先に広がっていきました。

交流発電機が発明されたのもこの時代です。それまでは電池が暮らしを支えていましたが、より多くの電力を供給できる交流発電機の登場によって都市部を中心として安定した電力供給が進みました。

さらに、ダベンポート夫妻によって発明された商用利用可能なレベルのモーターは、交通網を進化させました。煤煙《ばいえん》の多かった蒸気機関車に替わって電車が実用化され、都市部では電車の交通網ができあがります。ちなみに、蒸気機関車は廃止されたわけではなく、「人は電車」「貨物は蒸気機関車」というすみ分けがされました。

イケイケなのに政治は腐敗

南北戦争の直後からの約30年間は、アメリカの歴史上もっとも夢のある「金ぴか時代」であったといわれます。「金ぴか時代」とは、作家のマーク・トウェインとチャールズ・ウォーナーが１８７３年に共同執筆した小説『Gilded Age』に登場する言葉です。ヨーロッパから見ればただの農業国でしかなかったアメリカは、大工業国にガラリと変貌し、経済成長を遂げました。その変化に国民自身が対応しきれないほどでした。ジョンソンの後をうけた第18代ユリシーズ・グラント大統領を中心とするアメリカ政府は自由経済に歯止めをかけながら、一方で厳しくは取り締まらないというあいまいな態度をとり続けます。

このころ、アメリカの二大政党は、その性格を変化させていきました。共和党は奴隷制度や人権抑圧に反対する看板を下ろし、北部の資本家たちの利益を代弁する政党になりました。大統領を続けて出していたにもかかわらず、資本家との間に癒着《ゆちゃく》が生まれ、政治は腐敗《ふはい》。その対応をめぐって共和党は分裂します。

南部に基盤をもつ民主党は、少数野党になり、共和党の後塵《こうじん》を拝し続けました。

フロンティアが消滅しちゃった

大陸横断鉄道の恩恵を受けて、ミシシッピー川より西の乾燥地では牧畜がさかんに行われました。牛の大軍を追って大草原を移動する「カウボーイ」が活躍したのもこのころです。

1870年代半ばからは、深く耕すことのできる農機具が発明されたり、乾燥に強い品種が開発されたりして、西部でも農業が可能になっていきました。鉄条網が使われるようになって耕地や家畜の管理が簡単になり、さらに土地の開発が進みました。

また、西部開拓を推進する法律もつくられました。1862年に制定されたホームステッド（自営農地）法です。奈良時代に日本で出された墾田永年私財法《こんでんえいねんしざいほう》のような「耕した人に土地を与える」という内容です。21歳以上の国民は、公有地約65ヘクタールに5年間住んでそこを耕作したら、無償で取得できるようになりました。アメリカ人の夢をかなえる法律といえます。

開拓といえばもう1つ、アラスカを忘れてはいけません。もともとロシア領だったアラスカを、1867年にアメリカが買い取りました。1ヘクタールにつき5セントという価格で、アメリカは新しいフロンティア（開拓地）を手に入れました。

さて、西部の開拓は、その地に住んでいる先住民にとっては理不尽《りふじん》な侵入でした。植民地の建設以来、先住民とは時に友好関係も築きましたが、基本的には対立していました。アメリカの発展はこの先住民の土地を奪うことによって実現してきたのです。

19世紀半ば、先住民の人口は30万ほどであったといわれます。その3分の2はグレイトプレインズといわれる広大な草原地帯に住み、千数百万頭もいたといわれるバッファロー（野牛）を狩猟する暮らしをしていました。

1890年にはサウスダコタ州ウーンデッド・ニーにおいて虐殺事件が起こります。

アメリカ軍の騎兵隊がスー族約300人を虐殺したのです。この年、政府はフロンティアの消滅を発表しました。白人が西部の各地に住みついたことを意味します。

フロンティアは、自主独立の精神や自由で平等な機会、民主的な政治、さらにはナショナリズムを生み出しもしました。アメリカのすべては、このフロンティアに象徴されているともいえます。

移民はつらい

アメリカでは移民がしばしば問題となります。かつては労働力不足で仕事はいくらでもあり、耕作地も格安で手に入りました。一定期間の年季労働契約を結べば、地主たちが渡航費を出してくれるほどでした。まさにウエルカムな状況だったのです。

そのころ、日本では?

スー族の虐殺事件が起こった1890年、日本では第1回衆議院議員選挙が行われています。有権者数は約45万人で、投票率は93%でした。この選挙でもっとも多くの議席を獲得したのは、板垣退助《いたがきたいすけ》が率いる立憲自由党でした。当時の日本の総理大臣は山縣有朋《やまがたありとも》でした。

南北戦争前の1851～60年には約260万人、1881～90年には約525万人、さらに1901年～10年には約880万人と、まさしく倍々ゲームのように移民は増えていきます。やがて耕作地がなくなると、彼らは都市労働者になりました。

移民の出身地は、当初は西ヨーロッパが中心でしたが、南ヨーロッパや東ヨーロッパの出身者がしだいに増えていきました。すると、新しい問題が出てきます。

あとから来た移民が、先に来ていた移民に差別され、最下層の労働者として扱われるようになったのです。さらにアジア、とくに中国からの移民も問題となりました。

清とアメリカは1868年に天津条約（追加協定）を結び、アメリカは中国人移民の受け入れを始めます。アメリカに渡った中国からの移民は苦力《クーリー》と呼ばれ、大陸横断鉄道の建設に従事しました。

当時のアメリカでは、ヨーロッパからの移民には帰化が認められていました。しかし中国移民には認められませんでした。白人たちが投票権を行使して政治的圧力を加えたのです。1882年には、中国人排斥《はいせき》法ができました。1868年に始まった日本人移民に対しても、19世紀末から排斥運動が激しくなりました。機械化が進んで移民の必要性がなくなり、さらに安い賃金で白人の仕事を奪うのはよくないという理由からです。

アジアでは日本とアメリカの利害が衝突する場面が増え、アメリカ本土では人種差別が見られるようになりました。1917年には日本を除くアジア人の移民が禁止され、1924年には、ついに日本人移民も禁止されました。移民を必要としながら、増えすぎたら自国民や先にやってきた人を守るために排除していったのです。

労働者もつらい、農民もつらい

経済成長で格差が生まれるようになると、労働運動が本格化します。アメリカは建国の段階で白人はすべて平等で選挙権も認められており、何か権利を求めるような運動はありませんでした。しかし、南北戦争が終わってからは、労働者が賃上げや立場の保障を求めて、ときに過激な運動を起こすようになりました。

のちに発生する世界大恐慌（1929年）があまりに有名なため知られていませんが、1873～79年と1893～97年にも、アメリカでは恐慌が発生しています。このとき、職を失った労働者たちがニューヨークなどの都市に集まって救済を求めましたが、警察は彼らを暴力で追い散らすという対応をします。新聞などのマスコミも労働者に冷たく、外国から来た社会主義者による扇動《せんどう》とみなしていました。

１８６９年に労働者を支援するための労働騎士団という組織が結成され、全米で組合員を集めます。労働騎士団はストライキを指導し、そのほとんどが成功したことで最盛期には70万人もの組合員を誇るようになりました。しかし、行動が過激化していったこともあり、やがて資本家側の反撃にあって衰退します。

また、１８８６年には熟練労働者を中心とするＡＦＬ（アメリカ労働総同盟）が結成されました。指導者のサミュエル・ゴンパースは、労働者の利益を交渉によって守るという方針を採用。20世紀初頭には、参加者が２００万人となりました。ところが、非熟練労働者の組織はつくられませんでした。彼らの多くは移民であり、解雇されても代わりがたくさんいたからです。

一方、地方の農民たちも決して楽な生活をしていたわけではありませんでした。南北戦争後に農産物価格が下がると、生活を守るために農民たちは団結しました。彼らは政府にインフレ策を要求するため農業機械の工場を買収したり、鉄道運賃を引き下げる交渉を行ったりして、一定の成果を出しました。

このほかにも、いくつかの農民同盟が各地で結成され、運動を起こしました。これらの組織がまとまり、1891年にはポピュリスト（人民）党が誕生しています。

ついに海外へ手を伸ばす

アメリカは東西を海洋に守られ、南北に脅威となる敵もいなかったため、積極的な外交をする必要はなく、強大な軍隊をもつこともありませんでした。当時の国際社会をリードしていたのはイギリスで、強大な海軍力で世界の海を支配していました。イギリスとの関係が深いアメリカは、モンロー主義（67ページ）を掲げたまま自国の成長に邁進できていたのです。

しかし、国内のフロンティアが消滅し、国外ではヨーロッパ列強が植民地獲得競争を始めると、アメリカでも国外への領土拡大をめざすべきという声が出てきます。

その背景には、拡張戦略によって1890年代の恐慌による経済・社会の混乱から抜け出したいという思いもありました。このころにはアメリカ海軍も成長しており、イギリス、ドイツに次いで、世界3位の軍事力を誇っていました。

そんななか、スペインの支配下にあったキューバにおいて独立運動が始まります。スペインはキューバ人に過酷な弾圧を加えており、アメリカではキューバを支援しようという機運が高まりました。

1898年、在キューバのアメリカ人保護の名目でハバナ湾に停泊していたアメリカ戦艦メイン号が爆沈《ばくちん》します。沈んだ原因は不明でしたが、「メイン号を忘れるな」という戦意高揚《こうよう》のスローガンが功を奏し、また経済界にも支持されて、第25代ウィリアム・マッキンリー大統領はスペインとの開戦に踏み切りました。

戦闘はアメリカの圧勝であっけなく終わり、スペインはキューバから撤退。アメリカはキューバに加えてプエルト・リコも占領しました。

この戦争は太平洋のかなたに飛び火しました。スペイン領のフィリピンでも、その支配への不満が高まっていたため、アメリカはフィリピンのスペイン軍も追い出します。

同年に結ばれたパリ条約でキューバの独立が認められ、アメリカはフィリピンやプエルト・リコ、グアムを領有することになりました。こうして、アメリカは帝国主義（他国を侵略し、自国の領土を広げる政策）を掲げる列強の一員に加わったのです。ただし、フィリピンでは独立を求める戦争が以後14年間も続きました。

成果を残したマッキンリー大統領は再選を果たしますが、就任から半年後に無政府主義者によって暗殺されました。続いて大統領になったセオドア・ローズヴェルトは、スペインとの戦争で活躍した軍人で、「棍棒外交《こんぼう》」と呼ばれる武力をちらつかせて領土を拡げる政策をラテン・アメリカ諸国で強行します。

大西洋と太平洋がつながる

ローズヴェルトはコロンビア領だったパナマに目をつけていました。まず、独立の機運が高まっているのを知ると、これを支援して独立を後押ししました。その後、パナマ運

そのころ、日本では？

1900年代初頭といえば、日露戦争です。この戦争で日本とロシアの調停役を務めたのは、ローズヴェルト大統領でした。ハーバード大学で同級生だった金子堅太郎《かねこけんたろう》に依頼されて戦争終結の話をまとめました。ローズヴェルトは『武士道』（新渡戸稲造《にとべいなぞう》著）を愛読したといわれます。

河条約を結び、実質的な海外領土として運河を使えるようにします。

　工事はすぐに始まり、1914年に運河が開通しました。こうして、カリブ海から太平洋に出るルートを確保したわけです。

　ローズヴェルトの帝国主義政策を継承した第27代ウィリアム・タフト大統領は、軍事力のみで諸国を抑えるのは不可能と考えており、各国に資金を提供しました。この外交政策を「ドル外交」といいます。

　その実態は、ヨーロッパ諸国がラテン・アメリカに対して行っていた投資を肩代わりして本格的に影響力を強めるというものでした。要は、金にモノをいわせて支配下に置いたわ

けです。

ちなみに、タフトは大統領就任前の1905年、特使としてフィリピンに行く道すがら、日本に立ち寄りました。そこで総理大臣の桂太郎と、「アメリカは日本の韓国（大韓帝国）支配を認める、日本はアメリカのフィリピン支配を認める」という、秘密の覚《おぼえ》書《がき》を交わしています。

1912年の大統領選挙では、共和党の分裂に乗じて久しぶりに民主党が政権を奪回しました。第28代大統領のウッドロウ・ウィルソンは、資本主義や民主主義を世界中に広げることがアメリカの使命と考えて外交を展開しました。これは「宣教師外交」といわれます。

一方でアメリカにはつねにフロンティアが必要であるという方針をとり、ハイチやキューバ、メキシコなどに軍隊を送って利権を得ようとしました。3代続けてモンロー宣言の「国内優先、対外不干渉」をないがしろにしたわけです。フロンティアがなくなって経済が低迷し、外国へ進出せざるを得なかったことが大きな要因ですが、ヨーロッパの列強と同様に帝国主義の流れに引き込まれていったともいえます。

ヨーロッパ諸国の介入を牽制するためのモンロー宣言は、「もしその原則を侵《おか》す者があれば、アメリカは必要な対応をする（戦う）」という積極的な姿勢を示すものに変わりました。これを「モンロー主義の拡大解釈」といいます。

反省、そして改革を！

政府が帝国主戦を掲げて海外に進出するなか、国内では金ぴか時代の政治の堕落《だらく》を非難し、社会の退廃・混乱を反省するプログレシヴィズム（革新主義）という運動が広がります。19世紀末から1914年の第1次世界大戦あたりまで、アメリカの社会の各分野で、このプログレシヴィズムが推進されました。

これにより、国民は職業や社会的地位のちがいを越えて連帯感を強め、納税者としての立場から、交通・ガス・電気などのインフラに関わる企業の不正に抗議の声を上げました。さらに、この動きと連動する形で市政改革も行われ、州の政治改革へとつながっていきます。

改革運動は、民間組織の手によって進められていきました。市や州などの援助を得ながら、運動を全国的な広がりにしていったのです。

具体的には貧しい地域の住民支援、教育を中心とする生活支援や助言、結核《けっかく》の伝染を防ぐ啓蒙《けいもう》運動が広がったことで都市部の生活環境が改善されました。こうした動きに共鳴する企業家も現れます。「鉄鋼王《てっこうおう》」と呼ばれたカーネギーや石油で財を成したロックフェラーは財団を設立し、医学の研究や教育の拡大に貢献しました。

ドイツ憎しで参戦

ヨーロッパから始まった帝国主義は、世界に広がっていき、やがて列強どうしの対立を生み、ついに戦争に至りました。1914年7月、第1次世界大戦が勃発したのです。

このニュースはアメリカ全土に衝撃を与えました。文明がここまで進めば、武力をもっても直接戦うことはないだろうと考えていた多くのアメリカ人は、ふたたび人と人が殺し合う時代がくるのではないかという恐怖におののきました。

ヨーロッパ諸国が帝国主義や軍国主義（軍事力を頼みに国を動かす政策）の病に冒《おか》されていると考えたアメリカに、当初は、中立以外の選択肢はありませんでした。

というのもアメリカ国内には、イギリス系、ドイツ系、フランス系の移民がおり、ドイツ・オーストリアとイギリス・フランス・ロシアなどが戦うこの戦争に加わるのは得策ではなかったからです。それぞれの移民も積極的な参戦を望まず、平和の再来を願っていました。

しかし、現実にはアメリカはイギリスと親密な関係にあり、その関係を維持することで、アメリカはヨーロッパ諸国との関係を築いていたのです。たとえば開戦後、海軍力で優位に立つイギリスは、ドイツの沿岸を封鎖してアメリカがドイツへ輸出する「戦時禁制品」を没収しました。本来は厳重に抗議するべきですが、ウィルソン政権はそれを黙認します。

なぜなら、当時のアメリカは、戦争で物資が欠乏していたイギリスやフランスへの輸出が増加しており、各産業が好景気になる「戦時特需《とくじゅ》」になっていたからです。さらにアメリカ政府はイギリスやフランスに積極的に金を貸し、バックアップしました。この戦争を経て、アメリカはそれまでの金を借りる国から金を借す国へと変貌したのです。

開戦後、ヨーロッパの戦線は一進一退の状況が続き、兵士の犠牲ばかりが増えていきました。1915年、ドイツが状況を打開しようと、無制限潜水艦作戦（すべての船を魚雷で攻撃する作戦）を開始します。

その結果、イギリスの客船ルシタニア号が撃沈《げきちん》され、アメリカ人128人をふくむ約1200人が死亡しました。アメリカ国内では、ドイツを非難する世論が巻き起こりました。

ウィルソンがドイツへ猛抗議をした結果、ドイツはいったん作戦を中止しますが、1917年に再開されます。ここに至り、ついにアメリカはドイツに宣戦を布告しました。

その背景には、ドイツ憎しの世論の後押しが当然あります。またウィルソンが参戦にあたっての演説で述べた「正義と平和を実現するため」という目的、さらには戦後の講和会議に出席し、そこでの発言権を強めるというね

第1次世界大戦の関係図

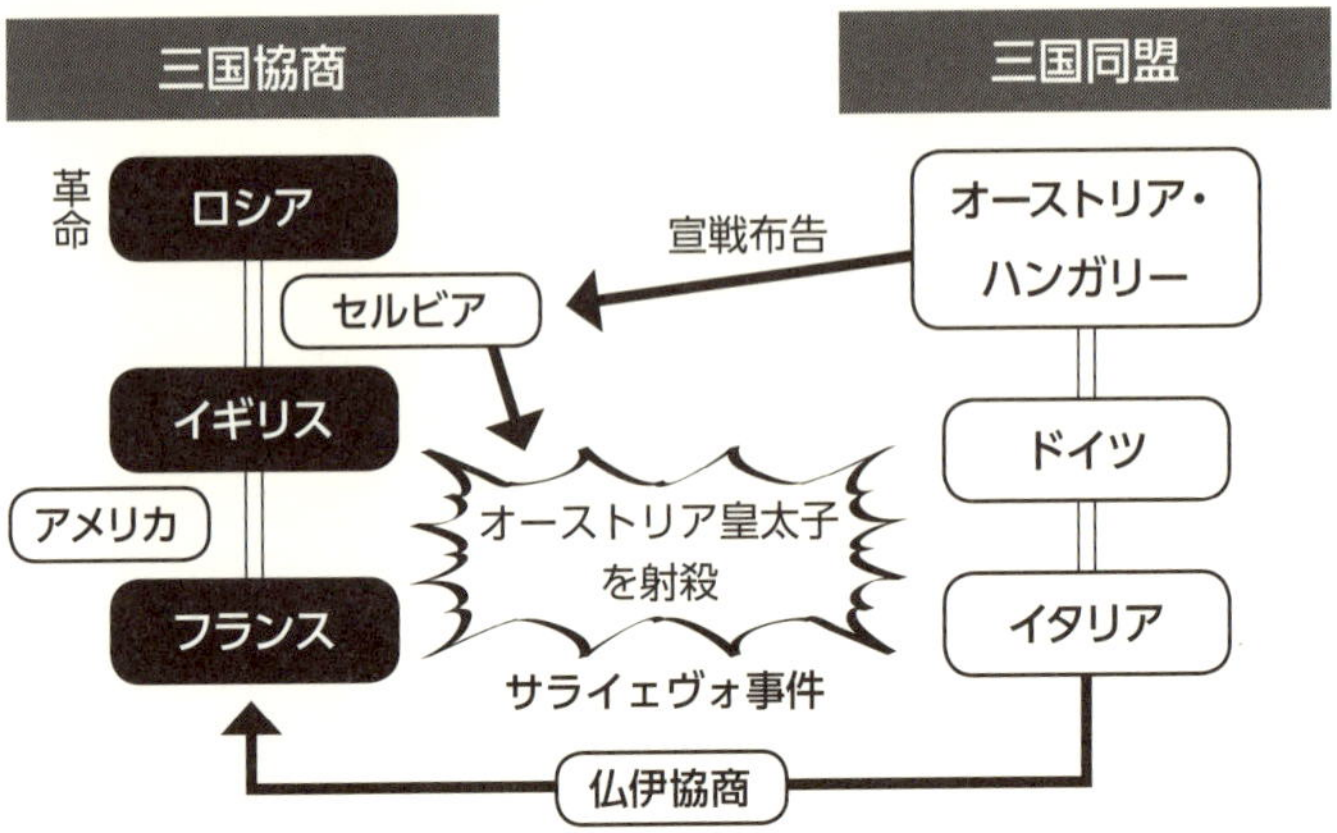

らいもありました。国民の多くは、国の団結が強化されることを期待して参戦を歓迎しました。

イギリス・フランス・ロシアの連合軍は長い戦闘で疲れ果てていましたが、アメリカから送り込まれた物資と200万もの兵によって息を吹き返しました。戦況は一変し連合国が勝利しました。

なお、この戦いにおけるアメリカ兵の死者は11万人ほどです。その半分は、当時流行したスペイン風邪が原因だったといわれます。

戦争で国は1つになる

戦争に加わったことで、アメリカ国内では軍需産業が成長し、また食料の増産や輸出の増加などのよい影響も現れました。この時期に、戦時産業局という政府機関が設置され、鉄道輸送などもふくめて産業の効率的な運営を指導するようになります。政府が民間企業を指導する政策は、のちのニュー・ディール政策（148ページ）で引き継がれました。

軍需工場に動員された女性が勝利に貢献したこともあり、ウィルソンは「民主主義のために戦っているアメリカの女性に選挙権が与えられていないのは、理にかなわない」として、女性の参政権を認めました。また、黒人や南西部のメキシコ系アメリカ人が、平時であれば就《つ》くことのできない職場で採用されるようにもなりました。

一方で、ウィルソンは、戦争反対を唱える者には厳しく対応しました。祖国に忠誠心をもっていると疑われたドイツ人に、国外退去が命じられることもありました。ドイツ・オペラの曲目は上演されなくなり、地域によってはドイツ語教育も禁止され、ドイツを思い起こさせるハンバーガーが「自由サンドイッチ」と改称させられました。

ウィルソンの挫折

本音では戦争をしたくなかったウィルソンですが、「平和な自由主義を掲げた平和で秩序のある世界を建設するため」に参戦を決意していました。1918年1月に彼が発表した14カ条の戦後構想には、秘密外交の廃止・航行の自由・植民地問題の公正な解決・国際平和機関の創設などがうたわれています。

そんなウィルソンは、参戦後にイギリス・フランス・ロシアが裏で結んでいた多くの秘密条約を聞かされ、列強の野心を批判します。そして、アメリカの立場は連合国とは一線を画す「協力国」であると宣言しました。その結果、ウィルソンには味方がいなくなりました。

パリでの講和会議でウィルソンが語った戦後構想に対し、イギリスやフランスの首脳は聞く耳をもちませんでした。唯一、国際連盟の設立が認められましたが、それは露骨に反ドイツ、反ソ連の性格をもった組織になりました。そうなった理由の1つは、パリで講和会議が行われる前にロシア革命が起こっており、列強はロシア帝国の利権にも手を伸ばそうと戦争を続けていたためです。

帰国したウィルソンは、さらに大きな試練を迎えました。共和党を中心とする勢力が国際連盟の規約にあった「侵略国に対して加盟国が相互にそれを阻止する」という文言に「他国の動きに合わせるとアメリカの自由が束縛される」として反対したのです。

その説得交渉のため神経をすり減らしたウィルソンは、脳動脈血栓で倒れます。三選をめざそうにも、病状を知った民主党が彼を指名しませんでした。結局、アメリカはかつてのモンロー主義に戻ります。

1920年、史上初の国際平和機関として国際連盟が成立しますが、アメリカは加盟せず、またドイツの加盟も当初は認められませんでした。総会での議決については事実上不可能な全会一致を必要とすること、連盟としての軍事組織をもてないことなど、問題だらけでした。当然、国と国とのいさかいを調停する役割を果たせず、第2次世界大戦を防げませんでした。

ライバル・ソ連が誕生

アメリカが第1次世界大戦に参戦した1917年に、ロシア帝国では2月革命が起こっています。この革命はアメリカ人を熱狂させました。ロシアの「ツァーリズム」（君主制）が崩壊《ほうかい》したことが、自由主義を拡大していく第一歩と受け取られたためです。

そもそもウィルソンの参戦理由の1つに「ロシアの自由を守るために、ロシアを攻めるドイツを叩く」がありました。

ところが、2月革命によってロシアに登場した臨時政府は、ドイツに敗れて連合国を失望させます。そして、労働者や活動家などが蜂起《ほうき》した10月革命で倒されました。臨時政府を追放したのが、ロシアソビエト社会主義共和国（以後「ソ連」とします）の政党ボリシェヴィキです。

1918年、ボリシェヴィキが権力を握りました。彼らの打ち出した無賠償・無併合（賠償金をとらず、現状の領土を維持する）の原則はどこからも相手にされなかったため、ドイツと単独で講和します。ソ連は戦線を離脱し、国政を安定させることに力を注ぎました。

ソ連の体制が確立されると、ともに戦争に手いっぱいだったイギリスとフランスは、アメリカにロシア革命にも軍事介入してほしいと期待します。ウィルソンはソ連の共産政権の誕生に反対しながらも、ロシアの民衆が自由主義に目覚めてくれることを期待して、軍事介入には消極的でした。

しかし、1918年にシベリアで捕虜になっていたチェコ兵を救うためウィルソンは出兵を決意し、ロシアへの軍事介入を始めます。アメリカ軍はヨーロッパでの戦闘が終わった後もシベリアに留まり、ロシア内の反革命勢力が立ち上がることを期待しましたが、その希望はなくなり、1920年に撤退しました。

なお、シベリア出兵したアメリカ軍は、連合国に加わっていた日本軍と行動をともにしました。日本軍は明らかに満州《まんしゅう》方面（現在の中国東北部）を領有しようとしており、アメリカ軍が撤退したあとも満州に残ります。これにアメリカは不信感を抱き、両国の関係は一時悪化しました。日本人移民が排除されたのは、こうした経緯もありました。

大戦後、ソ連ではコミンテルン（国際的な共産党組織）が結成され、ドイツ国内の革命勢力に影響をおよぼそうとしました。ウィルソンは賠償金請求などでドイツを過度に追いつめることに反対しましたが、戦勝国の理解は得られませんでした。

このように、さまざまな思惑が入り乱れるなか、ソ連が講和会議に参加しないまま戦後の国際秩序がつくられていきます。

ひみつコラム

アメリカにある日本人街

海を渡った日本人たちが築いた、歴史の息づかいの残る街

19世紀後半、日本では土地や税制の改革のために地方の貧困が悪化し、若い人々が仕事を求めて海外へ出はじめました。1885年ごろからアメリカへ移住した日本人――日系人たちが形成したアメリカの日本人街について、紹介します。

ロサンゼルスのダウンタウン内にあるリトル・トーキョーは、1885年に茂田《しげた》濱之《はまの》助《すけ》が日本食レストランを開き、その周辺に日本人が次々と店を連ねたことから始まったといわれています。第2次世界大戦前には3万人の日系人が生活するアメリカ最大の日本人街でしたが、1941年にアメリカと日本が戦争状態になると、日系人たちは強制収容所へ収容されました。終戦後に解放された人々は、廃墟《はいきょ》となっていたリトル・トーキョーに戻り、資産も何もないところから街を再建しました。

戦後の日本の資本参入により街が観光地化し、現在のリトル・トーキョーは居住地と

ロサンゼルスのリトル・トーキョーにある全米日系人博物館。アメリカに渡った日系アメリカ人の写真や文書などが保管されている。

いうより、日本の食や文化を楽しむために訪れる町となっています。

リトル・トーキョーから西へ行くと、ソーテル・ジャパンタウンがあります。ソーテルは通りの名前で、リトル・トーキョーの西にあることから「リトル・オーサカ」とも呼ばれます。20世紀初頭に始まった日本人街で、２０１５年に正式に「ジャパンタウン」と命名されました。

ソーテルはニュー・トーキョーと比べると、観光地というよりも現地に居住する日本人留学生や駐在員の生活の場。１００円ショップや回転寿司など、日本文化を提供しつつ、アメリカやアジアの文化も楽しめる、おしゃれな若者の街となっています。

大西洋の空を単独で横断した

リンドバーグ

Charles Augustus Lindbergh

（1902～1974）

26時間以上の超・長距離フライト

スウェーデン移民の子として生まれたリンドバーグはネブラスカの航空学校や陸軍飛行学校で教育を受け、郵便飛行機の操縦士になります。

1927年、「ニューヨーク－パリ間を無着陸で横断した飛行家に2万5000ドルを与える」とした“オルテグ賞”に、多くの人が挑戦していました。リンドバーグは仲間と資金を募り、技師と設計した“スピリット・オブ・セントルイス号”で、朝6時前にニューヨークの空港を1人飛び立ちます。

リンドバーグは悪天候をくぐり抜け、それまで培った操縦技術を駆使して不眠不休で飛び、大西洋を越えて翌日の夜10時にパリの空港へ着陸。航空史に新たな1ページが刻まれました。約3600マイル（5760km）を横断しリンドバーグは時の人となりました。後年、日本も訪れています。

chapter 6

第2次世界大戦

家を買っちゃおう！

ウィルソンが寝たきり状態となり、大統領不在となった1919年の暮れから1920年の4月にかけて、アメリカでは4000名以上の活動家が逮捕されました。逮捕された人たちは、国の体制を壊そうという「革命的思想」の持ち主でした。ソ連の誕生に刺激されて、自由なこの国で革命など起こされては困ると、多くのアメリカ人は考えていました。個人の生活を規制する共産主義思想は、断固として拒否する姿勢でした。

こうした風潮もあり、一時解散していたKKKが再結成され、黒人を追い出そうというデモを行っただけでなく、移民やカトリック教徒、ユダヤ教徒なども排除対象とみなして街をねり歩き、一部の都市では警官が交通整理をする事態となりました。

一方、戦争が終わってまもなく、人々の暮らしは格段に豊かになっていきました。武器を生産していた工場が掃除機、洗濯機などを作る工場となり、これらの商品が広く普及したのです。

機械化・自動化が進み、現在のようにラインごとに分業で組み立てる製造方法が確立されました。自動車メーカーのフォードが「T型フォード」という安い自動車を発売し、全世帯のおよそ半数が所有するヒット商品になりました。

このころ、分割払いのシステムが考えだされ、自動車だけでなく家もローンで買えるようになりました。家を買うと、豊かさを実感できます。そして、もっと豊かになりたいと思うのが人間です。「モノが売れるから、どんどんモノを作る、作れば作るほどもうかり、また新しいモノを買う」というサイクルができあがっていきました。

発言権を増していくアメリカ

国際連盟に加盟しなかったアメリカですが、戦争を終わらせたことで、国際社会で存在感を示します。さらに、アメリカの発言力がますます大きくなっていきました。そのきっかけをつくったのは、日本です。

第1次世界大戦のあと、列強は中国で領土を広げる活動を控《ひか》えました。しかし、日露戦争でロシアを破って列強の仲間入りを果たした日本は、中国での利権の拡大をねらって軍を留め置きました。アメリカはイギリスとともに「やめなさい」と忠告しますが、日本が「知らん」といっこうに応じないため、緊張関係におちいりました。結局、アメリカをふくむ他の国々も戦艦を増やすなどしていきます。

こうしたなか、第29代大統領のウォレン・ハーディングが「軍縮」を唱えます。１９２１年、「海軍力の制限」を討議するため、ワシントンD.C.で軍縮会議が開かれました。ハーディング大統領には、平和を望む国際世論にこたえることと、アメリカの権威をさらに高めることの、２つのねらいがありました。

この会議には、イギリス・フランス・イタリア・ベルギー・オランダ・ポルトガル・日本・中国、そしてアメリカの9カ国の代表が出席しました。話し合いの結果、海軍軍縮条約、９カ国条約、４カ国条約の３つが結ばれました。そのいずれも、アメリカ主導で内容が決められました。

ハーディングのあとを受けたカルビン・クーリッジ大統領も、世界に向けて平和を訴えました。１９２８年には、不戦条約を呼びかけて日本やドイツ、ソ連もふくむ15カ国が締結し、のちに63カ国に増加しています。

ワシントン軍縮会議で結ばれた3つの条約

1 海軍軍縮5カ国条約

アメリカ・イギリス・日本・フランス・イタリアが調印。5カ国の戦艦保有量の総トン数（170万トン余）の比率を5：5：3：1.67：1.67とする。

2 9カ国条約

全9カ国が調印。中国の領土を侵さないこと、出席した8カ国と中国との貿易を認める。

3 4カ国条約

アメリカ・イギリス・フランス・日本が調印。アジア・太平洋地域の勢力は現状を維持する。日英同盟は破棄する。

ただし、この条約は違反した場合でも具体的な制裁が課されないため、戦争の抑止につながりませんでした。

また、ドイツが第1次世界大戦で背負った賠償金を払えなくなった際、アメリカの財務官僚チャールズ・ドーズがドイツの財政を回復させる案を考え、ドイツに資金を援助しました。

さらにドイツの経済状況が悪化すると、アメリカの財務官僚オーウェン・ヤングが賠償金を減額するアイデアを出しています。

第1次世界大戦中、アメリカはイギリスやフランスに資金を提供しており、両国はドイツから受け取る賠償金で、それを返済することになりました。こうして、アメリカが世界経済の中心になっていくのです。新しい政治・経済の体制ができたことで、しばらく国際情勢は安定していました。

暗黒の木曜日、何が起こった？

1920年代、アメリカ経済はずっと好調でした。企業はモノづくりに励み、消費者はそれを買い続けることで、好景気が維持されていました。1926～29年にかけて、企業の株価がじつに3倍以上も値上がりしています。株式市場では、投機ブームが加熱していきました。まさにバブル景気のような状況だったのです。

しかし、モノをつくりすぎていると、いずれ売れなくなってしまいます。モノが売れなくなると、工場は生産をストップします。すると労働者の収入が減り、モノが買えなくなります。こうした負のサイクルのきざしが見えはじめました。また、分割払いでモノを買っていた人は、月々の返済に困るようになっていきます。

こうした悪い流れが生まれると、ドイツを援助するために企業が使っていた資金が減り、アメリカ企業がドイツから資本を引き揚げはじめました。

……そして、忌まわしい「暗黒の木曜日」が訪れます。

1929年10月24日木曜日、投資家たちはパニックにおちいって株を売り、投資しているお金を回収しようとしました。これが株価の大暴落を引き起こしたのです。

これを知った人々は、「このままでは、企業に投資をしていた銀行が倒産してしまう」と思って、一斉に預金を引き出そうとします。その結果、銀行も倒産してしまいました。銀行がなくなると、融資を受けられない企業や工場も倒産します。

こうして、失業者が続出する事態におちいりました。この日を境にして、多くのアメリカ人はすべてを失ったのです。

ニューヨークのウォール街で起こった一連の不幸なできごとは、アメリカ全土だけでなく、世界に広がりました。いわゆる「世界大恐慌」がスタートします。1931年には、オーストリア最大の銀行であるクレディット・アンシュタルトが閉鎖され、混乱はドイツにも波及《はきゅう》しました。

ドイツは賠償金の支払いができなくなり、当時のアメリカ大統領ハーバート・フーバーは、フランス・イギリスなど西欧諸国のアメリカへの債務《さいむ》支払いを1年間猶予するかわりに、それらの国はドイツの賠償金の返済を1年間猶予するようにと提案しました。

あふれかえる失業者、物乞い

アメリカ人の暮らしを支えた自動車産業の生産指数から、世界大恐慌による影響を見てみましょう。

1929年の第2四半期（4〜6月）の自動車の生産量を100としたとき、「暗黒の木曜日」が起こった第4四半期（10〜12月）は29・5まで急降下しています。

翌年には少し回復しましたが低迷は続き、1932年の第3四半期（7〜9月）には、最低の14・5にまで落ち込みました。作っても売れなくなれば、工場は閉鎖するしかありません。失業者はますます増えていきました。

1929年末〜33年の4年間にアメリカ全土で9万の企業と9000以上の銀行が倒産しました。1933年の失業率は25パーセントにのぼり、じつに4人に1人が失業という異常な事態に陥っています。

アメリカの主要都市では、ローンで買った自動車や家を売り払って物乞いをする人であふれかえりました。1920年代、多くのアメリカ人が信じて疑わなかった永遠の繁栄が崩れさったのです。

現代のアメリカも貧富の差は非常に大きいとされていますが、この当時の格差も尋《じん》常《じょう》ではありません。人口の5パーセントにあたる富裕層が、国民の全所得の3分の1を得ていました。そして8割の家庭は貯金がゼロだったといわれます。

国民生活の危機に対して、政府は有効な手を打つことができませんでした。経済界のリーダーを集めて賃金や雇用の確保を要請したり、公共事業を増やして仕事をつくり出したり、銀行への緊急貸し出しも行いますが、焼け石に水でした。

巻き返せ……何を？　どうやって？

恐慌が深刻さを増すなかで行われた1932年の大統領選挙で、民主党が候補に立てたフランクリン・ローズヴェルトが、現職大統領のフーバーを破って当選します。

選挙が始まってすぐ、ローズヴェルトは「ニュー・ディール」、つまり「新規巻き返し」を訴えました。ただし、この時点では具体的な方策は何も示されていませんでした。

選挙戦の最中に、ローズヴェルトは大学教授をブレーンに迎えてアドバイスを受け、だんだんと具体的な方策を示していきました。

ローズヴェルトは、かつて国の成長を支えたフロンティアがなくなった今、国民自身の力による景気回復を期待するのではなく、政府が積極的にさまざまな政策を打ちだしていくべきであると主張しました。これが、国民の支持を集めたのです。さらに、民主党が議席を増やしたにもかかわらず、共和党内の革新派を主要閣僚に任命します。国難ともいえる危機に際して、超党派でのぞむことを示しました。

ニュー・ディールの推進に際し、ローズヴェルト大統領は、Relief（困窮者の救済）・Reform（政治制度や社会秩序の改革）・Recovery（復興事業）の3Rをスローガンに掲げました。まず全国の銀行を閉鎖して資産状況を調べ、良好と認めた銀行のみ、業務再開を許可していきました。1935年には植林、道路・学校・病院の建設などを進める公共事業推進局をつくって、新たな雇用を生みだしました。

また、物価の下落を防ぐため業種別に生産量を調整します。とくに農業における生産調整は厳格で、すでに収穫された農作物が大々的に廃棄《はいき》され、食用肉のもとになる家畜が万単位で殺されることもありました。

規制ばかりでなく、経済を活性化するため、大企業の独占を防ぐ反トラスト法を停止し、同時に労働者に組合をつくったり、ストライキを起こしたりすることを法的に認めるなどの規制緩和も実施されました。

ローズヴェルトは、広大なアメリカ全土にわたる再開発にも力を入れました。テネシー川流域にあった発電所や火薬工場に目をつけ、そこにダムをつくって水流を調節したり、新たな発電所を設けたりして、周辺住民の生活環境を改善しました。この事業は林業・漁業・鉱業の復興につながり、新たな観光資源も開発されました。安く生産された電力が工場に提供されるようになり、アメリカは総合的な地域開発に成功したのです。

ニュー・ディール、成功!?

政府の主導で行われる政策に対しては、批判の声もありました。「本来アメリカは自由主義であり、政府が挙国一致《きょこくいっち》を求めるような政策は好ましくない」というものです。

とくに、ニュー・ディール政策をもってしても景気回復の傾向がみられない業種では、労働者の権利を認めたせいでストライキなどが頻発《ひんぱつ》し、企業は対応に追われました。こうして、資本家たちが反ローズヴェルトの立場に回ったのです。

これに対し、ローズヴェルトは850万人以上の失業者に職を与えることを約束しました。そして、年金や失業保険、障がい者への生活扶助を始めます。また、富裕層に対する税金を引き上げ、富を再分配しました。これが第2次ニュー・ディール政策です。

最初のニュー・ディール政策では、政府と経済界が協力して復興に取り組み、第2次ニュー・ディール政策では、政府と労働組合が結びつきました。こうして、自由主義一辺倒《いっぺんとう》だったアメリカ社会に、新たな特色が備わっていきます。

1930年代の半ばから、アメリカの景気は少しずつ回復していきました。1936年の大統領選挙では、ニュー・ディール政策が評価され、ローズヴェルトが圧勝します。

ところで、世界はどうだった？

世界大恐慌の影響を受けたのは、先に説明したドイツだけではありません。戦争や国際会議などでつねにアメリカと協力してきたイギリスでは、270万人を超える失業者が発生するなどの甚大な被害を被りました。

1932年、イギリスは植民地をふくむイギリス連邦諸国の代表をカナダのオタワに集めて、経済会議を開きます。この会議でイギリス連邦は経済的に団結することが確認され、仲間内だけ関税をゼロにするというブロック経済政策をとることが決まりました。フランスもイギリスと同様に、オランダやベルギーなどと連携してブロック経済を実施します。

一方、イギリスやフランスのブロック経済グループに入れなかったドイツやイタリアは、自力で景気を回復させることができず、国民の不満が募りました。こうした不満の受け皿になったのが、ナチスやファシスト党です。やがてその不満の矛先《ほこさき》は、仲間はずれにしたイギリスやフランスへと向けられていくのです。

日本もドイツやイタリアと同様でした。アメリカを始めとする主要な国々との貿易で不況の余波を受けました。また、為替《かわせ》市場でも円とドルの取引はすでに行われており、世界大恐慌による混乱を避けることができませんでした。

日本、ドイツ、イタリアに共通するのは、植民地をもたない（少ない）ことでした。

すると何が起こるか……それらを手に入れるため、外に出ていくしかないわけです。

世界大恐慌の影響を受けない国もありました。それは、ひそかに力をたくわえつつあったソ連です。多くの国が不景気にあえいでいるころ、ソ連では国があらゆるものを統制する「社会主義国家」としての基盤ができあがりつつありました。作物の生産量からモノの値段まで、すべてが国の計画によって管理され、他国と貿易もしていなかったため、世界大恐慌の影響を受けなかったのです。

さらに、5カ年計画で重工業や農業の発展に注力した結果、大幅に国力を伸ばし、他の国が落ち込んだこともあって、名実ともにソ連はアメリカのライバルとなりました。

これらの状況を横目に見ながら、ローズヴェルトはラテン・アメリカ諸国との関係改善をはかりました。近隣国に対し、かつての「棍棒外交」や「ドル外交」のような上から目線を改め、キューバに対しては完全な独立を認めます。さらに、ラテン・アメリカ各地に置いていた軍を引き上げました。

1933年に南北アメリカ大陸諸国が集まった「第7回パン・アメリカ会議」では、ローズヴェルトが輸入関税の引き下げを約束して、友好姿勢を示しました。

第1次世界大戦のあとつくられた国際秩序は、世界大恐慌によっていったん崩《くず》れ、少しずつ再構築されました。その流れのなかで、国ごとの立場が明確になっていきます。

そして、景気回復が遅れた国々が不穏な動きを見せるようになると、国際情勢は緊迫《きんぱく》していきます。再選されたローズヴェルトは、ふたたび大きな戦争が起こるとみて、準備を始めました。そして、戦争がもうかることを知っているアメリカ産業界は、少しずつ政府と接近していきます。

避けられなかった第2次世界大戦

先の大戦で敗れたドイツは、ふたたび戦争への道を進んでいました。

第1次世界大戦後に結ばれたヴェルサイユ条約で、ドイツは軍備を禁止されていましたが、1935年には世界大恐慌の混乱に乗じて徴兵制を復活させて再軍備を宣言。翌年にはフランスやベルギーと取り決めていた非武装地帯にも軍を配置しました。

こうした軍国主義路線を押し進めたのが、アドルフ・ヒトラー率いるナチスです。1933年に政権を奪取して独裁体制を築き、翌年、国際連盟を脱退しました。1936

第2次世界大戦の開戦直後の勢力

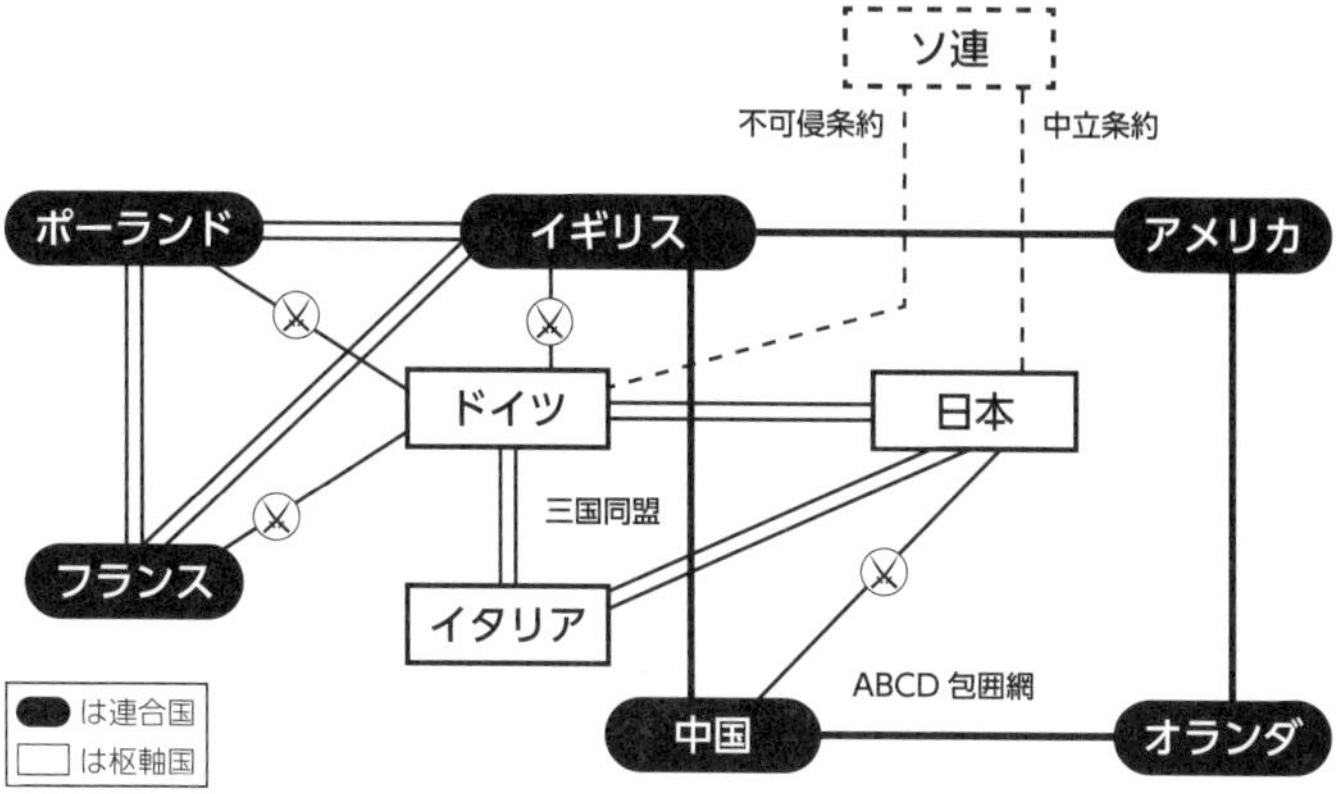

年には同じく軍事独裁政権を築くイタリアのムッソリーニ首相と連携し、さらに日本とも連携します。

対するイギリスやフランスは、戦争を回避すべく穏便に対処しようとします。ドイツがオーストリアを併合した1938年、ドイツのミュンヘンで会議が開かれ、ヒトラーはイギリス・フランス首脳と話し合いました。

その結果、ドイツがこれ以上領土を拡大しないことを条件に、チェコスロバキアのズデーテン地方を併合することが認められました。第1次世界大戦後に決まった「他国を侵略しない」というルールは、ことごとく破られてしまったのです。流れはもう止められませんでした。

そして1939年9月1日、ドイツがポーランドに侵攻しました。イギリスとフランスはドイツに宣戦を布告し、第2次世界大戦が始まります。一方、ローズヴェルトは大西洋を隔《へだ》てたヨーロッパではなく、太平洋を隔てた日本の動向を注視していました。

空襲、これは訓練ではない

資源と領土を求めて満州に入った日本軍は、1932年に満州国を建設します。これは9カ国条約違反でした。アメリカは不満の意を表明したものの、具体的な行動は起こしていません。そして1937年、日本は中国と戦争状態になりました。

ちなみに、日中の衝突は宣戦布告がなかったため「事変」と呼ばれます。「戦争」をすると、アメリカから武器の購入ができなくなるため、日本はそう呼びませんでした。

アメリカは、このころまで中立の立場をとり、みずから戦争に向かおうとはしませんでした。しかし、ヨーロッパが緊張を増した1938年、凍結していた海軍力の増強を始め、ドイツやイタリアに侵略を受けた国に対し、援助ができるようになりました。

1940年、ローズヴェルト大統領は3選されました。フランスがドイツに降伏したこともあり、国民は強いリーダーを求めていました。この年の9月、アメリカでは18～26歳の男子を対象とする選抜徴兵制度がスタートします。同じころ、日本はフランス領インドシナに侵攻。日独伊三国同盟が結ばれました。

翌年1月、ローズヴェルトは言論と表現・信教の自由、欠乏・恐怖からの自由に関する演説を行い、国民に対して戦争をする理由を説明しました。8月、日本がインドシナ（現在のベトナム、ラオス、カンボジア）を占領すると、ローズヴェルトは石油や鉄などの輸出を禁止します。さらに、インドシナと中国から撤退するまで続けると日本に警告しました。

1941年12月8日、ハワイ真珠湾の米軍基地に、おびただしい数の戦闘機が襲来《しゅうらい》します。現地の人々は、はじめ訓練だと思ったそうです。

現実は、2時間で19隻の軍艦が沈められ、2000人以上が死亡するという惨禍《さんか》に見舞われました。

アメリカにとっての第2次世界大戦、日本にとっての太平洋戦争が始まりました。

なぜ、日本と戦うことになったのか?

少しさかのぼって、日米の歴史の流れを整理してみましょう。

第13代フィルモア大統領の命令で、アメリカ東インド艦隊の提督ペリーが浦賀に現れて開国を要求したのは、1853年のことでした。翌年には日米和親条約が結ばれ、日本は開国します。その後14年間、日本は幕末の騒乱を経験しました。そして、明治維新を迎えます。

日米関係は、1904年の日露戦争までは良好でした。しかし日本がロシアを破って列強としてふるまうようになると、関係が悪化することもありました。第1次世界大戦後に日本がアメリカなど連合国の側についたため、良好な関係に戻りました。

ところが、数年後にシベリアで遭遇した日本軍を見てアメリカは不信感を抱き、日本からの移民を規制したことで対立関係になりました（133ページ）。

1932年、日本が満州国を建国します。1934年には、清朝最後の皇帝・溥儀《ふぎ》を満州国皇帝として立て、傀儡《かいらい》政権を築きました。満州での行動を調べるため国際連盟がリットン調査団を派遣し、「一連の日本の動きは自衛的行為ではない。満州国の独立を認めない」などと裁定されました。

裁定に不満をもった日本は、国際連盟を脱退します。その後は、たがいに不信感を抱きながらも決定的な対立は避けられてきました。

しかし、日本が満州・中国との連携による「東亜新秩序の建設」を打ちだすと、アメリカは東アジア方面への侵略を意図するものとみなし、通商航海条約を破棄しました。

1940年、日本が中国の南京で汪兆銘《おうちょうめい》を首相とする親日政府を樹立すると、アメリカはイギリスやフランスとともに、日本に抵抗する蔣介石《しょうかいせき》を支援しました。

同盟国ドイツの戦争を見ながら、日本は欧米との戦争を覚悟し、東南アジアへ侵攻します。それは、不足する石油を求めての行動でした。対するアメリカは、国内にある日本資産を凍結し、石油の輸出禁止を通告しました。アメリカは東南アジアに植民地をもっていたイギリスとオランダと連携し、さらに中国にも声をかけて日本の進出に抵抗する包囲網（ＡＢＣＤ包囲網）をつくりました。

一方で、真珠湾攻撃の直前まで日米交渉は続いていました。しかし、11月26日のアメリカ側からの提案、いわゆる「ハル・ノート」で、中国やフランス領インドシナからの撤退が日本に突きつけられました。これを受け入れない日本が開戦を決断したのです。

戦う前に、戦後のことを考えていた？

真珠湾攻撃を受けて戦争に加わる４カ月前、ローズヴェルトはイギリスのチャーチル首相と北大西洋上で会談を行います。当時はドイツが攻勢を強めており、不可侵条約を破棄してソ連と交戦するなど、連合国にとっては苦しい局面でした。

ふたりは、この戦争をどうとらえ、戦後はどのような世界をつくっていくかを数日間話し合いました。１９４１年8月14日、会談でまとまった内容が共同宣言として発表されました。これを「大西洋憲章」といいます。

アメリカ・イギリス両国は、まず領土の不拡大を宣言し、ナチスを打倒して人々を恐怖や貧しさから解放すること、奪われた主権を回復すること、戦後は武力を使わずに平和を守っていくことなどを発表しました。

この大西洋憲章の内容は、大戦後の国際連合の創立に向けての基本構想となっています。用意周到なローズヴェルトは、戦争を始める前から戦後について考えていたのです。

また、ローズヴェルトは、核兵器の開発にもゴーサインを出し、アメリカ全土から科学者たちを集めて開発を進めさせました。

アメリカの核開発の計画は、当初の研究本部が置かれていたニューヨークの地名にちなみ、「マンハッタン計画」と呼ばれました。数学が得意な学生などもふくむ12万人がこの計画に参加し、極秘で進められていきます。

アメリカ参上！

劣勢に立たされていたイギリスとフランスは、アメリカの参戦で大いに勇気づけられました。アメリカも、日本に奪われた西太平洋の島々を奪還すべく積極的に戦います。

アメリカと日本の決戦は、１９４２年６月のハワイ諸島北西の小さな島の近海で行われた「ミッドウェー海戦」でした。この戦いは、それまでとはちがって戦闘機を搭載《とうさい》した空母どうしによる航空戦となりました。

3日間にわたる戦いでアメリカは大勝し、日本の主要な空母を撃沈させて決定的なダメージを与えました。以後、アメリカはサイパン島やレイテ島など、日本の拠点となる島々を攻略していきます。

一方、ヨーロッパの戦線でも連合国が優勢に立ちはじめました。1943年7月、アメリカとイギリスはイタリアに攻め込みます。その2カ月後にイタリアが降伏しました。

さらにアメリカは、第2次世界大戦における最大の作戦に挑みます。フランス北部を占領していたドイツ軍を叩くべく、海から上陸して攻めることを計画。上陸地点をノルマンディー海岸と定めました。

1944年6月6日、夜明けとともに浜辺に押し寄せたアメリカ軍は、激しい抵抗にあいながらもドイツ軍を破ってノルマンディーに上陸しました。この戦いで、第2次世界大戦の趨勢《すうせい》は決まります。2カ月後、ドイツに占領されていたフランスの首都パリが解放され、連合国はいよいよドイツ本土へ向けて進攻を始めました。

原爆を投下せよ

連合国の勝利が決定的となっていた1945年2月、ソ連領内で連合国軍のトップらによる会談が開かれました。開かれた場所の名前から「ヤルタ会談」と呼ばれます。

ローズヴェルトは、チャーチル、ソ連の最高指導者スターリンと、戦後のドイツの処理や国際連合の構想などを話し合いました。そしてこの会談が、ローズヴェルトの生涯最後の大仕事となります。

4月、空襲によって焼け野原となったベルリンでヒトラーが自殺して、ドイツ

は無条件降伏しました。

最後に残った日本では、アメリカ軍が沖縄本島に上陸し、壮絶な戦いがくり広げられていました。そのさなか、ローズヴェルトが急死。副大統領のハリー・トルーマンが昇格します。

トルーマン大統領は、就任するなりチャーチル、スターリンとベルリン郊外のポツダムで会談して、戦争終結の道筋をつけました。そして、なおも抵抗を続ける日本に降伏を求めてポツダム宣言を発表します。

ただし、トルーマン自身は「日本は降伏しない」と見ており、ついに完成した原爆投下を指示しました。

8月6日、8月9日、人類史上初めて核兵器が使用され、広島と長崎の街は失われてしまいました。そして8月14日に日本が降伏し、長い戦いが終わりました。

そのころ、日本では?

原爆が落とされて以降、ソ連軍が、火事場泥棒のごとく日本の北から侵入します。ポツダム宣言を受諾《じゅだく》したあともソ連軍は千島列島を次々と占領しました。9月1日までに択捉島《えとろふとう》、国後島《くなしりとう》、色丹島《しこたんとう》までもが占領され、現在に至る北方領土問題が始まります。

数字で見る第2次世界大戦

南北戦争がアメリカ社会を変えたように、第2次世界大戦もアメリカの経済・社会、そして政治を変えました。大戦が始まると戦車や装甲車、航空機、上陸用ボートなどが大増産されて、軍需産業が活気づきました。

1939年ごろの失業率は15パーセントと高かったのですが、戦争によって軍事工場がフル回転したことで、完全雇用が実現しました。労働力が不足するたびに給料がアップしていき、長時間労働も常態化していきます。軍需産業を支えた南部諸州や西海岸には多くの労働者が集まりました。好景気のため結婚年齢が早まり、人口が増えました。

黒人も戦争で白人に負けないほど活躍し、立場を強めていきました。これが戦後のキング牧師などによる公民権運動につながります。

兵士の数はどうでしょう。戦争期間中に計1000万人が徴兵されました。志願した者をふくめるとアメリカの全人口の約12パーセントにあたる1635万が兵士となりました。戦死者は40万人を超えます。全国民が参加した、まさに総力戦となったのです。

知れば知るほどおもしろいアメリカの偉人⑥

芸術の枠《わく》を拡張したアーティスト

ウォーホル

Andy Warhol

（1928～1987）

おもちゃ箱をひっくり返したような作品たち

色とりどりの女優マリリン・モンローの顔、見慣れたスープ缶の絵。ウォーホルは、それまでの芸術が前提としていた作家自身の精神性やメッセージの表現の枠を越えて、日常にありふれたものを芸術作品として描き、ポップアートと呼ばれる大衆芸術の先駆者です。

ピッツバーグに生まれ、カーネギー工科大学で絵画とデザインを学んだウォーホルは、卒業後、商業広告デザイナーとしてキャリアをスタート。1962年に開いた個展で、あまりに低俗な主題選びや、カンバスに版画で制作するなど、それまでの絵画の常識では考えられなかった作品づくりが、逆に「前衛的だ」と評価されました。

その後も斬新《ざんしん》な色づかいや、銅の顔料に尿をかけるなどの奇抜《きばつ》な制作方法で次々と新境地をひらきます。

病気のため58歳で亡くなりましたが、今も現代アートの主役として支持されています。

chapter 7

冷戦とベトナム戦争

戦争は終わった、さてどうする？

第2次世界大戦後、ローズヴェルトが残した遺産が、新しい国際秩序を生みました。国際連合です。そのシステムを見ると、アメリカが中心になっていることがわかります。国連の本部はニューヨークに置かれ、50の加盟国で活動を開始しました。前身の国際連盟とのちがいは、大きく分けて次の3つあります。

①米ソの2大国が参加したこと、②国連軍を有したこと、③総会の議決を多数決にしたこと（国際連盟は全会一致）です。

世界規模の戦争を防ぐため、平和の維持に特化した組織が設置されました。常任理事国5カ国と非常任理事国6カ国（現在は10カ国）で構成される安全保障理事会です。常任理事会での議決には7カ国（現在は9カ国）の賛成が必要で、常任理事国のアメリカ・イギリス・フランス・ソ連（のちにロシア）・中国（1971年から中華人民共和国）には、それを拒否できる権利が認められました。つまり5カ国のうち1カ国でも反対すると採決されません。

国連安全保障理事会（現在）

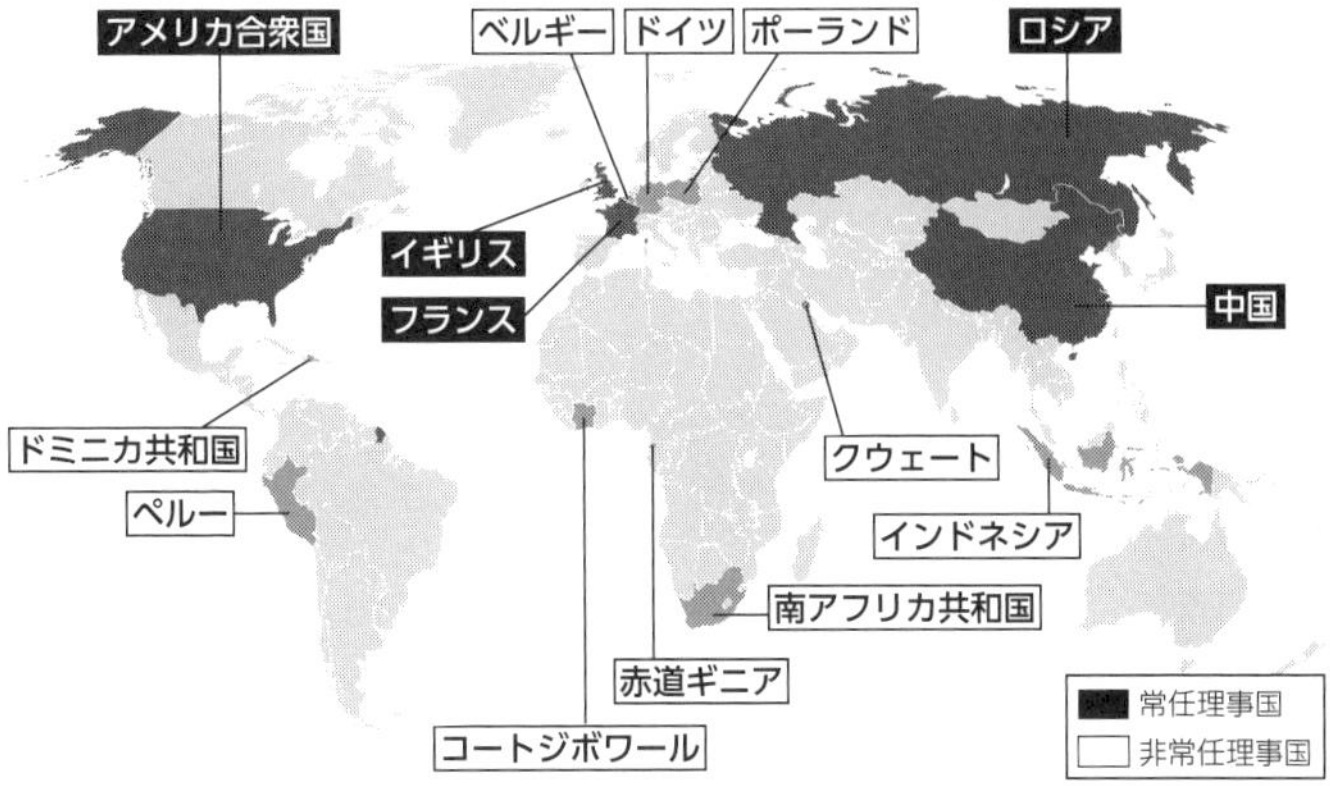

ひとまず大きな戦争を回避するしくみができあがりましたが、まもなくアメリカにとって真の敵が正体を現します。ソ連です。

第2次世界大戦の直後から、ソ連は東ヨーロッパ諸国を同盟国とし、また中国の社会主義化を支援しました。この動きにアメリカが強い危機感をもったのはいうまでもありません。

国民の自由を保障する民主主義国家のアメリカと、国民を統制下に置く共産主義国家のソ連は、そもそも国としてのあり方が大きく異なり、相容《あいい》れない関係でした。

対立の発端はイギリスの要請です。戦後、東ヨーロッパの南部でソ連の共産主義思想の防波《ぼうは》堤《てい》になっていたのはギリシアでした。

１９４７年、この地域の安全保障を任されていたイギリスは、ギリシア国内のソ連の息がかかった反政府勢力を抑えられず、アメリカに助けを求めたのです。

トルーマン大統領は、ギリシアに武器購入のための資金を送り、将校を派遣して反政府勢力の鎮圧を助けました。また、ギリシアの隣国トルコの政府も支援して、自由主義諸国を共産主義から守る姿勢を明らかにしました。これをトルーマン・ドクトリンといいます。

この年、トルーマンは東欧もふくめたヨーロッパ諸国に復興資金を提供する計画（マーシャル・プラン）を発表しました。ドイツやフランスなどはこれを元手にしてのちに復興を果たします。

ソ連はこれを嫌い、東欧諸国を参加させず、東欧諸国の団結のために共産党・労働者党情報局（コミンフォルム）

そのころ、日本では？

降伏した日本は、満州や朝鮮などの海外領土を放棄し、以後約７年間アメリカの統治下に置かれました。沖縄を始めとする南西諸島や全国に米軍基地がつくられて、現在に至ります。戦争犯罪人を裁く東京裁判も、このアメリカ統治期間中に行われました。

を結成しました。

ポンドは貿易で使えない

ソ連が台頭するなか、アメリカはイギリスに代わり自由主義世界で最大のリーダーになりました。ところで、なぜイギリスは落ちぶれてしまったのでしょう。

19世紀まで世界の経済の中心地はイギリスでした。国際的に信用のあったイギリス通貨のポンドは、貿易をする際の基軸通貨として使われました。ところが第1次世界大戦で戦費がかかったためイギリスの経済力が落ち、通貨の信用を保障する金保有量が減ってしまいます。その結果、貿易のシステムが維持できなくなりました。そして第2次世界大戦が起こると、ポンドは信用が低下して使えなくなってしまいます。

代わって基軸通貨となることを期待されたのが、アメリカのドルです。1944年にニューハンプシャー州のブレトン・ウッズで開かれた会議で、新しい通貨・貿易体制の基本的な約束が決まり、ドルが世界の基軸通貨となりました。

具体的には、ドルに対する各国通貨の交換レートが定められました。1ドルに対して各国の通貨がいくらになるかを固定する「固定相場制」が採用されます。たとえば1ドル＝360円のように決められました。

なお、のちにベトナム戦争でアメリカの権威が低下し、ドルへの信用が下がりました。アメリカへの輸出に不安が高まり、輸出国の経済も低迷します。ドルが中心になると世界経済が不安定になるため、1973年からは変動相場制に移行します。

冷戦スタート

1949年、アメリカやイギリスが中心となって、北大西洋条約機構（NATO）が結成されました。これは、ソ連を中心とする共産主義陣営に対抗する軍事同盟でした。

その翌年、朝鮮戦争が勃発します。開戦のきっかけは、スターリンと中国の毛沢東《もうたくとう》の同意を得た北朝鮮軍が、38度線（暫定《ざんてい》的な国境線）を越えて大韓民国に攻め入ったことでした。アメリカは韓国を助けるために半島に入った国連軍の主力として、北朝鮮軍（中国軍も）と戦いました。3年後に休戦となり、北緯38度を境に朝鮮半島は二分されます。この戦争はアメリカとソ連の代理戦争といわれました。

冷戦が始まったころの国際関係

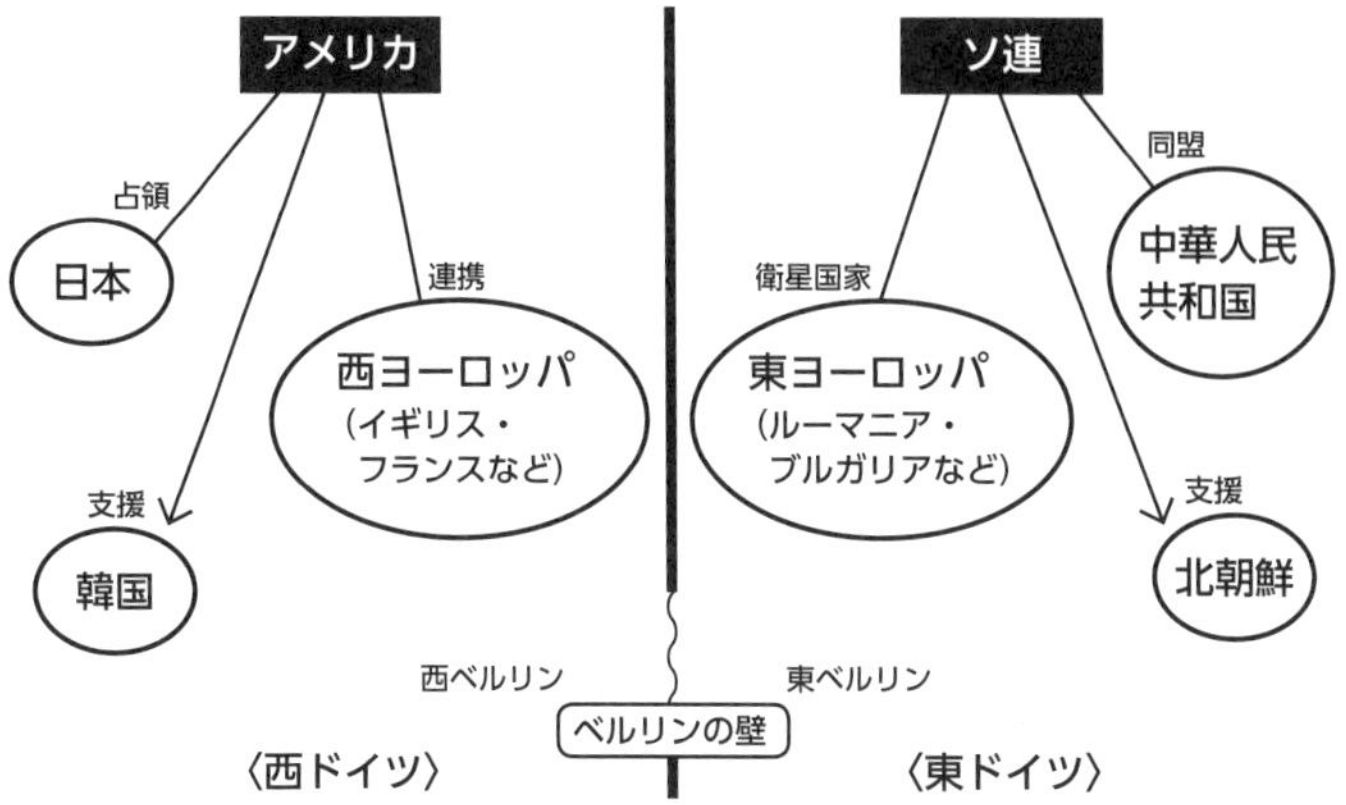

1955年には、ソ連も東欧諸国を軍事的に団結させました。これがワルシャワ条約機構（WTO）です。

アメリカとソ連は直接戦うのではなく、たがいの陣営に与《くみ》する国や地域の紛争において、軍隊を指導したり、資金を援助したりする形がとられました。こうして、アメリカ＝自由主義陣営、ソ連＝共産主義陣営の二極対立（冷戦）が、全世界に波及していくのです。

アメリカとソ連が直接戦わなかったのは、核兵器があったからです。原子爆弾を使ったアメリカは、開発しておきながらその破壊力に驚きました。ソ連も、1949年に核兵器の開発に成功したことを発表しています。

つまり、両者には「核兵器を使うと被害が甚大《じんだい》になるため、直接の戦闘はしない」という理屈があったわけです。

ちなみに、「冷戦」という言葉は、アメリカのジャーナリスト・政治評論家のリップマンが、新聞連載をまとめた著書のタイトルにつけたことで広まりました。

みんなアメリカがうらやましい

第2次世界大戦が終結してからの10年で、アメリカは世界・物量の豊かな国となりました。1200万人の元兵士への雇用対策が実施され、帰還した800万の兵士には奨学金《しょうがくきん》が与えられ、高校や大学で学ぶ道も開かれました。

労働者は戦時中に発行された債券をお金に換えて裕福になり、個人消費が爆発的に拡大します。

自動車のほか、新しい家電である冷蔵庫やテレビなどが大量生産されました。さらに住宅建設も活況となり、アメリカ経済は第1次世界大戦後以上に繁栄《はんえい》します。海外支援物資もさかんに生産され、日本やドイツなどの敗戦国に提供されました。世界中がアメリカの豊かさを知り、羨望《せんぼう》のまなざしを送りました。

農村も変化しました。農業人口は減少したものの、綿花やトウモロコシ・穀物だけでなく、ピーナッツ、果物、野菜などの新作物が大規模栽培に転換されました。

アメリカ人は、「豊かな暮らしができるのは戦争があったから。あの戦争はよい戦争だった」と考えました。

さらに「個人の自由を認めない共産主義という思想は許しがたい」とも考えるようになりました。ソ連が東ヨーロッパで勢力を拡大したことが伝わり、また身近なところでは労働者が団結してストライキなどを起こすと、「共産主義がアメリカに浸透《しんとう》するのではないか」という不安にさいなまれたのです。

政府も共産主義につながるものを徹底的に遠ざけ、近づく者を罰しました。ハリウッドの映画産業も、政府に目をつけられました。著名な俳優や映画人を議会に呼びつけ、彼らが証言を拒むと議会侮辱罪《ぶじょく》で有罪としました。イギリス出身の喜劇俳優チャップリンは、この件でアメリカを離れます。

「共産主義に近い」「共産主義に甘い」などの理由から、多くの知識人や革新派の政治家、官僚が追放されました。共産主義の国々の旗が赤いことから、これを「赤狩り」といいます。

日本を活用しよう

共産主義に対するアメリカ政府の方針は、時間をかけて倒していこうという「封じ込め」でした。これと対《つい》をなす「巻き返し」も、実施されました。具体的には、ソ連の影響下にある周辺の国々に介入し、ソ連の束縛から解放するという動きをさします。戦後のアメリカ外交は、「封じ込め」と「巻き返し」を使い分けました。

初期の巻き返しの典型例は、朝鮮戦争への介入です。この期間中に、共和党のドワイト・アイゼンハワーが第34代大統領となりました。彼は、第2次世界大戦のノルマンディー上陸作戦を指揮した元軍人です。アイゼンハワーのもとで国務長官（日本でいえば外務大臣）になったジョン・フォスター・ダレスが、巻き返し戦略を推進しました。

休戦後の北朝鮮と韓国の国内状況は、対照的な経緯をたどりました。初めは北朝鮮が成功して韓国経済の状況を上回りましたが、のちに逆転します。

きっかけは、日本統治に関する方針転換でした。朝鮮戦争を経て「東アジアにおいては日本をどうコントロールするかが重要になる」と認識したアメリカは、占領を続けるのではなく独立させせて、自由主義陣営のメンバーに日本を組み入れることにしました。

1951年、アメリカは日本とサンフランシスコ平和条約を結んで、ひとまず占領を終わらせました。同時に日米安全保障条約を結び、軍隊を残すことを認めさせます。朝鮮戦争の特需により、日本経済は大きく息を吹き返しました。

その日本が1965年に韓国と日韓条約を結んで国交を樹立したころから韓国の経済が浮上し、1988年のソウルオリンピックまで発展を続けました。今日、日韓関係において注目される日韓条約は、アメリカの巻き返し戦略の1つともいえます。

一方の北朝鮮は、独裁者である金一族を守るために体制を変更できず、経済のみならず国として低迷の一途《いっと》をたどりました。

ソ連に先を越された

冷戦が続くなか、アメリカとソ連は技術力でも競争をしていました。1957年、ソ連の打ち上げた人工衛星スプートニク1号が、地球の周《しゅう》回軌道《かいきどう》に乗る、つまり打ち上げが成功します。

アメリカは先を越されたことにショックを受けましたが、翌年1月に人工衛星の打ち上げに成功して一矢《いっし》を報いました。このあと、アメリカ航空宇宙局（NASA）が設置されています。

1961年には、大統領に就任したばかりのジョン・フィッツジェラルド・ケネディは、10年以内の月着陸（アポロ計画）を宣言しました。その8年後、アポロ11号が月面着陸を成功させています。

なお、宇宙開発は人類の夢をのせたプロジェクトという一面のほかに、国の技術力の高さを示すために計画され、ミサイル開発の一端という意味合いがあります。

ケネディは外交が下手だった⁉

アイゼンハワーの後任をえらぶ1960年の大統領選挙で、民主党からはケネディ、共和党からはリチャード・ニクソンが立候補しました。ともに40代と若くテレビ中継が導入されたこともあり、選挙戦は大いに盛り上がりました。

ところが、州ごとに「選挙人を多く獲得した候補が対立候補の選挙人票もすべて取る」というシステムによって、投票結果が複雑になりました。

州ごとの勝利数ではニクソン26、ケネディ22だったのですが、獲得した選挙人の数はケネディが301人、ニクソンが191人となり、結果、ケネディの圧勝となりました。総得票数は僅差といえる12万弱でした。

さて、アメリカでは人気のあるケネディですが、外交は

そのころ、日本では？

1950年代の後半から、日本では高度経済成長期が始まりました。日本中が活気づき、輸送需要が高まります。そして1959年から新幹線の工事が始まり、1964年に東海道新幹線が開通しました。この年は、東京オリンピックも開催されています。

失敗が多かったといえます。

１９５９年にキューバで革命政権が成立し、アメリカが支援するバティスタ大統領は失脚、カストロが実権を握りました。

２年後、カストロはキューバの社会主義化を宣言します。これに対して亡命キューバ人グループが、カストロ政権打倒のためキューバのビッグズ湾への侵攻作戦を展開するも、失敗しました。これはアメリカ外交の大失態で、ケネディは素直に責任を認めました。

同年6月、ケネディは核実験や軍縮などをテーマに、ソ連のフルシチョフ

首相と会談しました。ところが失敗に終わり、8月にはアメリカ、ソ連、イギリス、フランスの4カ国が分割統治をしていたベルリンに、ソ連主導で壁が建設されてしまいました。ケネディにとっては、屈辱ばかりが続いたのです。

1962年、ソ連がキューバ国内にミサイル基地を建設していることが確認されました。このときケネディは強気に出て、ソ連にミサイル撤去《てっきょ》を要求し、公海上で海上封鎖《ふうさ》を行ってソ連船のキューバ入港を阻止しました。両国は核戦争の瀬戸際に立たされますが、フルシチョフが譲歩してミサイルは撤去されました。

キューバ危機をきっかけに米ソは接近し、両国で平和共存の動きが出てきます。翌年、偶発的な核戦争を防止するためホットライン（直通電話）が設置され、イギリスも加えて、地下以外での核実験を禁止する「部分的核実験停止条約」が結ばれました。

外交で成果の出はじめたケネディでしたが、1963年11月22日、テキサス州ダラスの市内パレード中に射殺されました。犯人は元海兵隊員のオズワルドです。そのオズワルドも事件の2日後に殺され、真相は闇に葬られてしまいました。

さて、キューバ危機におけるケネディの強硬策は、図らずもソ連との関係緩和《かんわ》につながり、両国の核軍縮につながりました。その流れにおいて重要なことを1つ補足しておきます。

核兵器の維持・管理には莫大なお金がかかります。使ってはいけない兵器を維持するという矛盾と、両国がすでに必要以上の核兵器を保有していたことが背景にはありました。軍縮に向けた話し合いが始まるのは、きわめて自然だったのかもしれません。

初めて負けた

ケネディの死後、副大統領から昇格したリンドン・ジョンソンは、老人への医療保険制度や低所得者・障がい者の医療補助政策を始めて業績を上げました。そして1964年の大統領選挙に勝利して、ケネディのやり残した問題に取り組みました。

ジョンソン大統領は、南北戦争のあともずっと続いていた黒人に対する差別や迫害を見直し、白人と平等な権利を認める「公民権法」を実現させました。自由と平等を憲法で掲げるアメリカで、ようやくそれが法律に明記されたのです。これは画期的《かっきてき》なできごとでした。

もう1つ、ジョンソンの時代のアメリカでは、悪い意味で画期的なできごとがありました。ベトナム戦争です。

第2次世界大戦が終わった1945年9月、ベトナムで共産主義活動家のホー・チミンが、北部のハノイを首都とするベトナム民主共和国（北ベトナム）の建国を宣言しました。日本からこの地を奪い返したフランスは、再度ベトナムを植民地化するためにこの建国を認めず、南部に傀儡政権をつくります。

しかし、ソ連や中国の後《うし》ろ盾《だて》を得たホー・チミンはこれに抵抗。10年におよぶ戦いの結果、フランスはついに撤退しました。

フランスのあとを受けて、南部にゴ・ディエン・ジェムを大統領とするベトナム共和国が誕生します。これを支援したのが、ケネディでした。ここにも冷戦の構造が生まれたのです。

南部では、ソ連の支援を受けた南ベトナム解放民族戦線（ベトコン）の兵士がゲリラ化して反米活動を行っており、ケネディのあとをうけたジョンソンは「北ベトナムを倒しベトナムを統一する」ことを決意しました。

1965年、ジョンソンは南部に米軍を派遣し、北部への大がかりな空襲（北爆）を始めます。これがアメリカにとっての悪夢の始まりでした。

アメリカは次々と新たな兵をくり出すも、戦況は一進一退。1968年にはベトコンが旧正月の休みをねらって大攻勢に出て、一時南部の首都サイゴンのアメリカ大使館を占拠《せんきょ》しました。この事態を受け、アメリカ国内では反戦運動が広がり、ジョンソンは大統領選挙への出馬を断念しました。

その後アメリカは盛り返しますが、約54万の軍人を派遣してその半数の死傷者を出しながら、ついに決定的な勝利を得られませんでした。南ベトナムの民衆やアメリカ国内、さらには世界中からの非難を浴びるようになりました。

ベトナム戦争中の大統領選は、大荒れとなりました。出

そのころ、日本では？

ベトナム戦争が泥沼化《どろぬまか》し、世界で反戦運動が広まったころ、日本では第2次安保闘争が起こりました。一般的に安保闘争とは1960年の日米安保条約の延長に対する反発デモ・騒動をさしますが、1970年も、その数年前から学生を中心として、活動家も絡む大きな騒動となりました。

馬を予定していたケネディの弟ロバート、黒人への公民権運動を提唱したキング牧師も暗殺されます。最終的にニクソンが当選し、以後しばらくは共和党の時代となりました。

ニクソン大統領は泥沼化したベトナム戦争への解決策として、撤退を決めます。1973年、和平協定が結ばれてアメリカ軍はベトナムから撤退。史上初めて、アメリカは戦争で敗れました。

ニクソン、盗聴で失脚!

ベトナム戦争は、アメリカ国内で反戦運動や女性解放運動なども引き起こし、アメリカ人の価値観を変えていくほどの大きなうねりとなりました。

ニクソンは戦争期間中の1972年に中国とソ連を訪問して、長年にわたる共産主義陣営との緊張緩和をめざしました。こうした態度が評価され、同年の大統領選に勝利しますが、その選挙運動中に起こった民主党本部への盗聴事件が、彼を失脚に追い込みました。

盗聴がしかけられたビルの名にちなんで「ウォーターゲート事件」と呼ばれたこの騒

動は、大々的に報道され、ニクソンはアメリカ大統領として史上初めて辞任しました。

このあと副大統領から昇格したのが、ジェラルド・フォードです。誠実な人柄で「荒れたアメリカに癒《いや》しを与えた」と評価されることもあるフォードですが、ニクソンへ恩赦《おんしゃ》を行って国民を失望させました。

また、ベトナム戦争後の不況も重なり、1976年の大統領選挙で民主党のジミー・カーターに敗れました。

まじめなカーターと元俳優レーガン

カーターは、もともとジョージア州知事でした。大統領選挙では「無名すぎて手腕も未知数」と評されました。ただ、その新鮮さゆえ、ウォーターゲート事件やベトナム戦争を忘れたい国民に歓迎されま

した。

カーターのまじめな人柄は、アメリカ外交に信頼を与えたともいえます。たとえば、長く所有していたパナマ運河を返還する条約（実施は1999年）をまとめました。1970年代に起こった第4次中東戦争では、イスラエルのベギン首相とエジプトのサダト大統領を会談させ、平和条約の調印を実現させました。

ただし、外交上の失点もありました。1979年に始まったソ連のアフガニスタン侵攻と親ソ政権樹立には、有効な手を打てませんでした。1980年のモスクワオリンピックをボイコットして国民の失望を招き、同年の大統領選挙でレーガンに敗れます。

その選挙で当選したのが、「強いアメリカの復活」を訴えたロナルド・レーガンです。就任時に69歳という最高齢の大統領でした。元俳優という異色の経歴も注目されました。

レーガンはかつて俳優組合の委員長を務め、その時代の共産主義者の行動を見て保守主義者に転向したとされます。ラジオアナウンサーを務めたことがあり、天性の語り上手でもありました。

カリフォルニア州知事だったころに財政改革に成功したレーガンは、その経験を生かし、社会保障費と軍事費を増やして政府支出を拡大させる一方、減税と規制緩和によりインフレを抑えるという経済政策（レーガノミックス）を実施しました。

表面的には軍事費が増大し、戦争に強いアメリカを復活させ、一時的にしても庶民の生活も安定したことは確かです。実際、原油価格が下がったことで経済は好転し、1984年の選挙では民主党候補を寄せつけることなく再選しました。

ただし、財政赤字と貿易赤字が続き、1987年に「暗黒の月曜日」といわれた株価大暴落が起こりました。

外交面においてレーガンは、中国・ソ連との話し合い路線を進め、ソ連で改革を始めたゴルバチョフ書記長と交渉し、「中距離核戦力全廃条約」に調印しました。いよいよ冷戦を終わらせる機運が高まっていきます。

そのころ、日本では？

レーガン大統領の時代、日本の総理大臣は中曽根康弘《なかそねやすひろ》でした。中曽根の任期が長かったこと、たがいに保守政治家であったことから、両者は深い信頼関係にあったとされます。2004年にレーガンが死去した際、中曽根は国葬に参列しました。

ソ連が消滅！

レーガンを継いだ第41代ジョージ・ブッシュ大統領（父）の時代（１９８９〜93年）は、アメリカ史上、いや世界史上でも、めったにない大変革期でした。東ヨーロッパで共産主義体制が次々と崩壊し、ベルリンの壁も壊されました。最後に共産主義体制の頂点にあったソ連が消滅したのです。１つの時代が終わりを告げました。

１９８９年、就任したばかりのブッシュ大統領は地中海のマルタ島で、ソ連の最初で最後の大統領になったゴルバチョフと会見して冷戦の終結を確認しあいました。

そして、ブッシュは湾岸戦争（１９３ページ）を行ったことによって、現代世界史に名を残しました。

ところが、選挙公約でやらないとした増税に着手したことが国民の反発を招き、１９９２年の選挙で民主党のビル・クリントンに敗れ、１期４年でホワイトハウスを去りました。

クリントンの時代、アメリカは新しい繁栄の時代を迎えました。もちろん、宿敵のソ連がいなくなったことが、最大の要因です。また、インターネットが始まって関連する産業が発展し、銀行の金利を引き下げたことで経済活動が刺激され、長期にわたる好況を実現しました。

世界で唯一の超大国になったアメリカは、ユーゴスラビア、北朝鮮、イスラエル・アラブ間など、各地の紛争・対立に首をつっこんでいきます。ただし、あまり大きな成果は得られませんでした。

そしてクリントンは、ホワイトハウスの女性実習生との不倫疑惑でつまずきます。大統領弾劾《だんがい》にまで至りますが、かろうじて回避されました。経済が好調であったことから、どうにか任期をまっとうできた大統領という見方もできます。

ややこしすぎる中東問題

さて、今日に至る中東世界の混乱の原因は、簡単には説明できません。ここでは、アメリカの政治に大きな影響を与え、いまなお続く問題の発端となった1948年のイスラエル誕生と1978～79年のイラン革命を中心に説明していきます。

もともと中東で暮らしていたユダヤ人（教徒）は、キリスト教徒の多いヨーロッパで長く迫害を受けており、自由の国アメリカに新天地を求めてやってきました。第2次世界大戦ではナチスの迫害を受け、さらに移住者が増えました。

彼らの悲願は、祖国である中東に戻ることでした。大戦後、国連総会での議決を経て、1948年にイスラエルが建国されます。ところが、直後から周辺のイスラム教国家との不穏な関係が続き、幾度となく戦争になりました。イスラエルは、エジプトなど一部国家とは良好な関係を築きましたが、きな臭い状況は今も改善されていません。

近年のアメリカは、中東諸国との関係に苦慮《くりょ》しており、唯一《ゆいいつ》信頼できるパートナーとして、イスラエルと密接になっています。

一方、中東におけるアメリカの最大の敵であり、その動向を注視しているのは、イランです。イスラム国家のイランはイスラム教の中でも少数派のシーア派が主導権を握る国であり、多数派のスンナ派が主導権を握るサウジアラビアなどとの関係は良くありません。そして「敵の敵は味方」というわけで、アメリカはサウジアラビアとの友好関係を深めています。

イランとの敵対関係は、70年前にさかのぼります。1951年、パフレヴィー国王が統治していたイランで、モサデグ首相がイギリス資本に握られていた石油資源を国有化しました。このルール違反でモサデグは批判を浴びて窮地《きゅうち》におちいり、ソ連に接近しようとしました。そのタイミングでクーデターが起こり、モサデグは失脚。クーデターを背後で操っていたのはアメリカでした。クーデター後の政権とアメリカの関係は、良好でした。

しかし、宗教色の強いイランでは革命が起こり、1979年にイラン・イスラム共和国が成立しました。革命の指導者ホメイニは、教義に対して厳格なイスラム国家をつくりました。この体制が現在まで続いています。

革命で亡命したパフレヴィー国王への処遇をめぐり、ホメイニは背後にアメリカの差し金があると断定しました。そんななか、イランの急進派によるアメリカ大使館人質事件が起こります。当時のアメリカ大統領は、穏健派《おんけん》として知られたカーターでした。

カーターは軍事作戦で人質を救出しようと試みますが、失敗しました。その後エジプトに亡命していたパフレヴィー国王が死んだため、大使館を占拠する意味がなくなった急進派が人質を解放しました。就任したばかりのレーガンにとっては、好運な門出になりました。

イランは、アメリカだけでなく周辺の諸国とも対立します。宗派のちがいや経済的な問題もあって、1980年に隣国イラクと国境をめぐり戦争を始めました。一方イラクでは、たたき上げの軍人フセインが政権を掌握《しょうあく》しており、みずからの立場を強化するため革命で揺れるイランを攻撃したのです。このとき、アメリカはイラクを支援しました。

この戦争の途中、レバノンにいたアメリカ軍兵士がヒズボラという武装組織に捕らえられ、人質になってしまいました。ヒズボラはイランと関係が深いことから、アメリカとの身代金交渉をイランに任せました。

問題はここからです。当時のレーガン大統領は人質を救うため、敵であるイランに武器を輸出することを認めました。

さらに、輸出で得た代金を当時アメリカが南米のニカラグアの反政府ゲリラ「コントラ」の支援のために使ったというのです。一連の疑惑が明るみになって大スキャンダルとして報道されますが、レーガンが謝罪してなんとか収束しました。

アメリカが関わった主な中東の事件・紛争

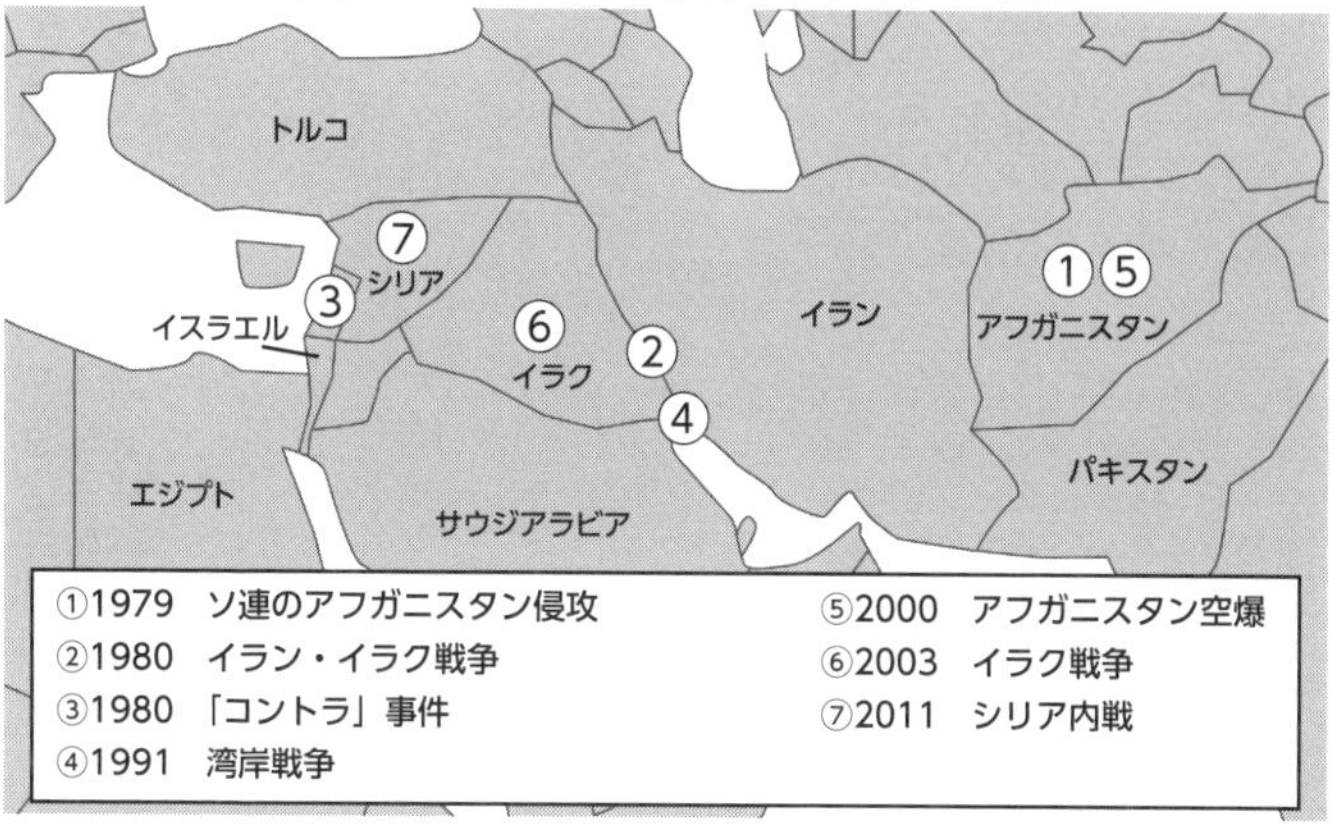

イラン・イラク戦争は1988年に終結しますが、その2年後、イラクは石油資源をねらってクウェートを併合しました。アメリカはクウェートの独立を回復するため、イラクを攻撃しました。これが湾岸戦争です。この戦争では、サウジアラビアがアメリカ軍の前線基地になりました。

現在はイランが強大化し、さらにトルコも存在感を強めています。21世紀に入るとシリアでも内戦が起こって、ロシアがこの地域に絡みだしたことで力関係は複雑きわまりないものになりました。

アメリカは、このような地域で2010年代まで戦争を続けていたのです。

ひみつコラム

軍の編制と軍事費

世界配備されるアメリカの軍隊。軍事費はさらに拡大

世界最強といわれるアメリカの軍隊は、陸軍、空軍、海軍、海兵隊の4軍種と、これら4軍の作戦部隊を編入する10の統合軍で形成されています。最高指揮権は大統領にあり、その下に国防長官、国防長官の下に各軍の参謀総長や司令官が置かれます。

歩兵や装甲戦闘車両などから編隊する陸軍、戦闘機による航空団を指揮する空軍、戦艦・航空母艦・巡洋艦・潜水艦などで海の攻防を司る海軍。軍政上は海軍の管理下にある海兵隊は、陸海空をまたいだ実動作戦部隊として緊急展開能力を発揮します。

統合軍は、管轄する地域や機能で分けられています。中東・南アジアを担当する中央軍、ヨーロッパ全域を担当する欧州軍、エジプトを除くアフリカを担当するアフリカ軍、アジアの大部分を受けもつ太平洋軍、カリブ海・中南米を受けもつ南方軍と、アメリカ本国・カナダ・メキシコを防衛する北方軍の6つの地域別統合軍があります。

国防予算　軍隊に所属する人員　駐屯地

7160億ドル（約79兆円）

287万人 うち戦闘員が約214万人、非戦闘員が約73万人

7大陸すべて、全160カ国以上で活動

（アメリカ国防総省HPより）

アメリカ軍は、兵力はもちろんのこと、戦闘機や戦車などの装備などでも世界最大を誇り、日本を始め、多くの国に基地が設置されている。

機能別ではミサイルや爆撃機を管轄する戦略軍、陸海空の輸送を担う輸送軍、陸海空軍の特殊作戦部隊を率いる特殊作戦軍、２０１８年に統合軍に昇格したサイバースペースの国防を担うサイバー軍の４つがあります。

士官の階級は、軍により差異がありますが、上から大将・中将・少将・准将《じゅんしょう》、大佐・中佐・少佐、大尉・中尉・少尉・准尉、曹長、軍曹、伍長、一等兵・二等兵・新兵となります。

アメリカ軍は約２８７万の兵を有します。２０１８年の国防予算は７１６０億ドルでした。日本円への換算で約79兆円。1億円の家が79万戸買える金額です。ちなみに日本の２０１８年度国防予算は、約５兆円でした。

知れば知るほどおもしろいアメリカの偉人❼

人種差別の撤廃を求めた牧師

キング

Martin Luther King Jr.

（1929～1968）

言葉と行動で訴え、決して暴力に訴えない

入植期から続いてきた白人による黒人への差別をなくすことは、今もアメリカの課題となっています。1968年に暗殺者の凶弾《きょうだん》に倒れたキングは、アメリカにおける黒人の正当な権利を求め、人々を率いて訴え続けました。

ジョージア州アトランタで牧師の子として生まれたキングは、大学で神学を学び、アラバマ州モントゴメリーで牧師となります。26歳のとき、バスの座席で白人を優先する制度への抗議運動の指揮者となり、その後も黒人の権利を求める団体運動を指導。インドの独立運動を率いたガンディーの功績に学び、非暴力と行動によって正義を求める姿勢を貫きました。

「私には夢がある」———1963年に差別撤廃を求める行進が行われたワシントンでの、キングの言葉です。肌の色で差別されず、すべての人が手をつなぎ自由に生きるという「夢」は、今も人々に呼びかけ続けています。

chapter 8

21世紀のアメリカ

悪夢の9・11

アメリカの21世紀は、史上2組目の「親子で大統領」誕生というできごとと、過去に例のないテロリズムから始まりました。

2001年9月11日、テロリストにハイジャックされた2機の民間機が、ニューヨークのマンハッタンにある世界貿易センターのツインタワービルにたて続けに激突し、ビルが倒壊しました。その光景はテレビ中継されており、瞬時に世界に拡散しました。

さらに別にハイジャックされた航空機は、アメリカ防衛の中枢《ちゅうすう》ペンタゴンにも激突しました。じつはもう1機ハイジャックされていたのですが、乗客の機転で公共物への激突は避けられました。いずれにしても、世界は仰天しました。

ニュースでは「同時多発テロ」と報じられましたが、ジョージ・ブッシュ（子）大統領は「これはテロではなく戦争である」と断言しました。就任早々、温室効果ガスの排出基準を定めた京都議定書から突然離脱するなど、身勝手なふるまいで国民に不人気だったブッシュですが、アメリカ人の結束を訴えたことで支持基盤が強化されました。

ブッシュ大統領は、テロの首謀者と目されたオサマ・ビンラディンをかくまっているとされたアフガニスタンに引き渡しを要求し、それが拒否されるとすぐさま軍を派遣しました。

アメリカを中心にした有志連合軍とアフガニスタンの軍事組織「北部同盟」は、当時、国土の9割を支配下に置いていた反政府組織「タリバン」とテロ組織「アルカイダ」に猛烈な攻撃をしかけました。

アフガニスタンへの進攻作戦は、現在（2019年）まだ進行中です。当初支援した北部同盟は、アフガニスタン政府になりましたが、国の安定は実現していません。

ビンラディン容疑者は、2011年5月にパキスタンで潜伏しているところをアメリカ海軍特殊部隊に発見され、殺害されています。

ブッシュの失敗

ブッシュ大統領は、2003年に行われたイラク戦争でも、対外強硬策をとりました。イラクに攻め入る口実は、「核兵器や生物兵器などの大量破壊兵器をもっている」というものです。真の目的はフセイン政権の打倒で、結局、大量破壊兵器は見つかりませんでした。さらに、フセイン以後もイラクでは民主主義が育たず、この戦争は失敗と評価されています。

ほかにも外交上の失敗がありました。まず、イラク戦争に反対したフランスやドイツを批判したことで、イギリスなど一部を除くヨーロッパ諸国との関係が悪化しました。また、迎撃ミサイル基地の増強を考えたブッシュは、ニクソン大統領の時代のソ連との約束を反古《ほご》にして基地を次々と建造し、ロシアのプーチン大統領との対立を深めてしまいました。

アフガニスタンで戦争を続けるブッシュ政権に終止符を打ったのは、経済危機でした。

現代アメリカの社会・経済を表現するのに「金融資本主義」という言葉が使われることがあります。かつてのアメリカでは地道に働くことが尊ばれ、実際にそれが当たり前でした。しかし現代は、株式を始めとするさまざまな金融商品の取引を中心にして経済が動くシステムが成立しています。

転職その他でしばしば引っ越しをするアメリカ人は、そのたびに家を売り、新しい住宅を購入します。景気のいいころは、買い手が多いため購入時より高く売れていました。そして、家を買うことが投資になっていました。

そこで登場したのが、低所得者向けの住宅ローン「サブプライムローン」です。わかりやすくいえば、ローンを細かく分けて株券のように売買できる金融商品です。このローンは金利（利息）が高く、それでいて株式のように値段が乱高下することがあまりありませんでした。ローンの返済が滞《とどこお》りなく行われている限り、確実に金利が得られたのです。

ところが21世紀になり、住宅価格が下がり始めました。ローンを利用する人は支払いができなくなり、住宅を手放しました。そうすると証券を買っていた人にもお金が入ってこなくなります。これで証券を売買する会社が行きづまりました。

2008年、アメリカ第4位の規模を誇る証券会社のリーマン・ブラザーズが倒産しました。証券会社は銀行などとも密接な関係にあるため、その影響が広がって、ドルと他の通貨の交換の取引をする為替市場はパニックになりました。これが1929年の大恐慌と同じように世界に広がるのです。

このできごとは「リーマン・ショック」と呼ばれ、その年に行われる大統領選挙にも大きく影響しました。ブッシュは敗れるのです。

黒人が大統領に！

アメリカ大統領が登場したとき、しばしば出自などで「初めて」という言葉が使われます。戦後では、カーターが「南北戦争後、初の深南部（ジョージア州）出身大統領」として話題になりました。ケネディは「初めてのカトリック教徒、かつアイルランド系移民の末裔《まつえい》」で大きな話題になりました。

2009年に第44代大統領となった民主党のバラク・オバマは「初の黒人大統領」で

す。南部出身者もアイルランド人も黒人も、アメリカでは長く差別され続けてきました。こうした古い慣習から、アメリカは解放されつつあります。

ただし、オバマが大統領になる前から、黒人は政府の要職に就いていました。ブッシュ（子）大統領の国務長官を務めたコリン・パウエルは湾岸戦争を指揮しましたし、その第2期目の国務長官はコンドリーザ・ライス女史でした。それでも偏見は存在しており、パウエルが大統領候補に推薦されたとき、妻が暗殺を恐れて反対したという話もあります。

ただし、オバマは黒人奴隷にルーツをもつわけではありません。父はケニア人、母はカンザス州出身の白人女性です。

オバマはチェコのプラハでの演説で「核なき世界」を呼びかけ、世界の共感を呼んだことでノーベル平和賞を受賞しました。2016年には、アメリカ大統領として初めて、原爆を落とした広島を訪問しています。ただし、在任中に核実験を許可しているため批判もあります。

さて、就任したオバマの最大の課題は、リーマン・ショックからの回復でした。雇用を促進するために企業に課す法人税を引き下げたり、インフラや教育への投資する景気刺激策を実現させ、好調なスタートを切ったかに見えました。

ところが経済低迷は長引き、2年目の中間選挙で民主党は票を減らしました。それでも、イラクから兵を引き揚げてブッシュ時代の負の遺産を解消しました。さらに、歴代大統領がなしえなかった国民皆保険《こくみんかいほけん》（すべての国民が公的な医療保険に入ること）を実現しました。

「オバマケア」といわれるこの取り組みは、次代のトランプ大統領が撤回しようと画策しましたが、廃止には至っていません。

アメリカ、ファースト！　でいいの？

2016年の大統領選挙は、共和党のドナルド・トランプと民主党のヒラリー・クリントンが争い、接戦となりました。最終的に「アメリカ・ファースト」というスローガンを掲げたトランプが当選します。

まず第一にアメリカのことを考え、アメリカの利益になることを優先する立場の新大統領に、国際協調という意識はないようです。そして、選挙の結果からわかったのは、アメリカ人の意識が変化していることでした。

世界のあちこちの紛争に首をつっこみ、あるときは狡猾《こうかつ》と紙一重なほどしたたかに、あるときは物量（軍事力）にモノを言わせて強引なまでに、それでもなんとか解決してきました。それができるのは、アメリカだけだからです。でも、こうした姿勢をアメリカ人はもう望んでいないのかもしれません。

トランプ大統領は、移民の受け入れにも難色を示しています。これまで見てきたようにアメリカは、その250年の歴史において、異教徒、先住民、黒人、移民とさまざまな人を受け入れてきました。そうやって成長してきたのです。

アメリカは戦争をするたびに結束して、国はどんどん大きくなっていきました。少しずつ差別を取り除き、建国者の想いである自由と平等の国をつくりあげてきました。初の黒人大統領が誕生したあと、白人の大統領がアメリカ・ファーストを叫び、メキシコとの国境に壁をつくろうとするのは、驚き以外の何でもありません。

しかし、これがアメリカ人であり、アメリカという国なのです。簡潔にいえば、慣習

にとらわれず、そのときそのときで正しいと思ったことを最後までやり遂げる。ダメならまた最初からやればいい、という思考で国が動きます。

北朝鮮のように核兵器を開発し、他国民を拉致《らち》する「ならず者」がいまだに存在しているため、世界の情勢は不穏なままです。２０１８年、アメリカと北朝鮮の首脳が史上初めて対談を行いましたが、期待されたような状況の変化はありませんでした。

また、アメリカとは絶対に相容れない共産党独裁国家の中国は、かつてのソ連のごとく、近隣に触手を伸ばしています。これにロシアを加えた3国の軍事力は突出しています。

世界のゆくえは、この3国の動向にかかっています。もし、ロシアや中国が「ファースト」を叫んだら（実際、そういわないだけかもしれませんが）、国際社会はいかなることになるのでしょう。

現在、アメリカと中国の間で、「貿易戦争」が行われています。輸入額が輸出額を上回って貿易赤字となっているアメリカは、中国から輸入するテレビや自動車などに追加関税をかけました。これに反発した中国が、アメリカから輸入する製品に追加関税をかけます。中国の対応に怒ったアメリカが、さらに別の品目にも追加関税をかける……こうした制裁と報復が続き、ようやく貿易協定が結ばれました。

世界1位と2位の経済大国が争えば、当然ながら周辺の国々にも影響がおよびます。アメリカや中国から輸入する生活必需品や原材料が値上がりすれば、日本の産業も打撃を受け、景気が悪くなるおそれがあるのです。

２０２１年１月、大統領選挙のすったもんだの末にトランプ大統領は退任し、民主党のジョー・バイデンが就任しました。米中の貿易戦争はもちろん、新型コロナウイルス感染症などの問題もあり、情勢はますます混沌としています。21世紀も、多くの国がアメリカ（と中国）の動きにふり回されそうです。

アメリカの歴史 年表

この年表は本書であつかったアメリカ合衆国を中心につくってあります。

下段の「世界と日本のできごと」と合わせせて、理解を深めましょう。

年代	アメリカ合衆国のできごと
1492	コロンブスがアメリカ海域に到達
1497	アメリゴ・ヴェスプッチがカリブ海を探検
1607	最初の植民地ジェームズタウンができる
1620	メイフラワー号が北アメリカに渡る
1732	ジョージア植民地が建設、これにより13の植民地が成立
1755	フレンチ・インディアン戦争（～1763）
1767	タウンゼンド諸法が出される
1773	ボストン茶会事件
1774	第1回大陸会議が開かれる

世界と日本のできごと

- 世界 スペインがグラナダを占領（1492）
- 世界 アルマダの海戦（1588）
- 日本 関ヶ原の戦いが起こる（1600）
- 世界 ピューリタン革命（1642～1649）
- 世界 名誉革命（1688）
- 世界 権利の章典（1689）
- 世界 スペイン継承戦争（1701～1714）
- 世界 7年戦争（1756～1763）
- 世界 ルソーの『社会契約論』（1762）
- 日本 田沼意次が側用人に（1767）

1775	独立戦争（～1783）。第2回大陸会議が開かれる
1776	アメリカ独立宣言
1781	ヨークタウンの戦いでイギリス軍に勝利
1783	パリ条約で独立が認められる
1787	合衆国憲法が制定される
1789	第1回大統領選挙が行われ、ワシントンが初代大統領に就任
1790	首都をフィラデルフィアに移転する
1800	首都をワシントンに移転する
1803	フランスからルイジアナを購入する
1820	ミズーリ協定が結ばれる
1823	モンロー宣言が出される
1830	インディアン強制移住法が成立する
1848	ゴールドラッシュが始まる
1854	カンザス・ネブラスカ法が成立

世界 フランス革命（1789～1799）
世界 ロシア使節ラクスマンが根室に来航（1792）
世界 ナポレオンがイタリアに遠征（1796～1797）
世界 大ブリテン＝アイルランド連合王国が成立（1801）
世界 ナポレオンが皇帝に（1804）
世界 神聖ローマ帝国が滅亡（1806）
世界 ナポレオンがロシアに遠征（1812）
世界 ブラジルがポルトガルから独立する（1822）
日本 異国船打払令が出される（1825）
世界 第1次エジプト＝トルコ戦争（1831～1833）
世界 アイルランドで大飢饉（1845）
世界 3月革命（1848～1849）

年代	アメリカ合衆国のできごと	世界と日本のできごと
1861	リンカンが第16代大統領に就任、南部11州が離脱し独立を宣言、南北戦争	日本 ペリーが浦賀に来航（1853）
1862	奴隷解放宣言が出される	日本 生麦事件（1862）
1863	ゲティスバーグの戦い	日本 四国連合艦隊が下関を砲撃（1864）
1865	南北戦争が終結、リンカン大統領が暗殺される	日本 大政奉還（1867）
1867	ロシアからアラスカを購入する	世界 スエズ運河が開通（1869）
1869	大陸横断鉄道が開通する	世界 ドイツ帝国が成立（1871）
1873	過剰鉄道投資から恐慌発生	日本 廃藩置県（1871）
1877	南部再建政策が終了	日本 西南戦争（1877）
1881	ガーフィールド大統領が暗殺される	世界 三国同盟（1882）
1882	中国人移民排斥法が成立	日本 伊藤博文が初代内閣総理大臣に就任（1885）
1886	フランスより「自由の女神」像が贈られる	世界 パリ万国博覧会（1889）
1890	フロンティアの消滅宣言	日本 大日本帝国憲法発布（1889）
1898	米西戦争、ハワイを準州として編入	日本 日清戦争（1894）

1901	USスチール社が設立される
1904	パナマ運河の建設が開始される
1908	T型フォードの生産が開始される
1914	パナマ運河が完成される
1915	ルシタニア号事件
1917	第1次世界大戦に参戦
1918	シベリアに出兵する
1919	パリ講和会議が開かれる
1921	ワシントン会議が開かれる
1922	海軍軍縮条約に調印する
1924	排日移民法が成立する
1927	リンドバーグが大西洋横断飛行
1928	パリ不戦条約を締結する
1929	暗黒の木曜日（ウォール街で株価大暴落）
1933	ニュー・ディール政策が始まる

世界 アテネで近代オリンピック開催（1896）
日本 日露戦争（1904）
世界 韓国併合（1910）
世界 辛亥革命（1911）
日本 明治天皇崩御（1912）
世界 第1次世界大戦（1914~1918）
世界 ヴェルサイユ条約成立（1919）
世界 国際連盟が発足する（1920）
世界 ファシスト党創立（1921）
世界 ソヴィエト社会主義共和国連邦（ソ連）成立（1922）
日本 関東大震災（1923）
日本 大正天皇崩御（1926）
世界 世界大恐慌（1929）
日本 満州事変（1931）

年代	アメリカ合衆国のできごと	世界と日本のできごと
1935	中立法が成立する	世界 ヒトラーが首相に就任（1933）
1941	武器貸与法が成立する、対日参戦	日本 日中戦争（1937～1945）
1942	マンハッタン計画がスタート	世界 第2次世界大戦（1939～1945）
1945	ヤルタ会談が開かれる、ポツダム会談が開かれる、広島・長崎に原子爆弾を投下する	世界 日独伊三国同盟（1940）
1947	トルーマン・ドクトリン発表	世界 ノルマンディー上陸作戦（1944）
1949	北大西洋条約に調印する	世界 ドイツが東西分裂（1945）
1950	朝鮮戦争	日本 日本が無条件降伏（1945）
1953	水爆実験に成功する	世界 国際連合が発足（1945）
1955	キング牧師が公民権運動の指導者になる	世界 イスラエル建国（1948）
1961	ケネディ第35代大統領に就任	世界 中華人民共和国が成立（1949）、北大西洋条約機構結成（1949）
1962	キューバ危機	世界 朝鮮戦争（1950～1953）
1963	ケネディ大統領が暗殺される	日本 サンフランシスコ平和条約（1951）
1964	公民権法が成立する	世界 ワルシャワ条約機構結成（1955）

1969	アポロ11号が月面に到達する
1971	ニクソン・ショック
1972	ウォーターゲート事件起こる
1975	ベトナム戦争が終結
1984	ロサンゼルスオリンピック
1986	イラン・コントラ事件が発覚する
1989	マルタ会談（冷戦終結を宣言）
1991	湾岸戦争
1996	アトランタオリンピック
2001	9・11同時多発テロ、アフガニスタン空爆
2003	イラク戦争
2008	リーマン・ショックが起こる
2009	オバマ第44代大統領に就任
2015	キューバと国交回復
2017	トランプ第45代大統領に就任

日本 日韓基本条約成立（1965）

世界 ヨーロッパ共同体（EC）が発足する（1967）

日本 沖縄が日本に復帰（1972）

世界 ソ連がアフガニスタンに侵攻する（1979）

世界 イラン・イラク戦争（1980〜1988）

世界 チェルノブイリ原発事故（1986）

世界 天安門事件、ベルリンの壁崩壊（1989）

世界 東西ドイツが統一（1990）

日本 阪神・淡路大震災（1995）

世界 コソボ紛争（1998〜1999）

世界 フセイン元大統領処刑（2006）

日本 東日本大震災（2011）

世界 シリア内戦（2011〜）

参考文献

『世界歴史大系　アメリカ史1・2』有賀貞、大下尚一、志邨晃佑、平野孝編（山川出版社）
『概説アメリカ史』有賀貞、大下尚一編（有斐閣選書）
『世界各国史　アメリカ史』紀平英作編（山川出版社）
『アメリカ政治外交史』斎藤眞、古矢旬（東京大学出版会）
『理念の共和国』本間長世（中央公論社）
『アメリカ憲法と民主制度』阿部竹松（ぎょうせい）
『アメリカ大統領の挑戦』本間長世（NTT出版）
『フロンティアと開拓者』岡田泰男（東京大学出版会）
『列伝アメリカ史』松尾弌之（大修館書店）
『「人の移動」のアメリカ史』加藤洋子（彩流社）
『アメリカン・ヒーローの系譜』亀井俊介（研究社出版）
『20のテーマで読み解くアメリカの歴史』鷲尾友春（ミネルヴァ書房）
『宗教からよむ「アメリカ」』森孝一（講談社）
『大統領でたどるアメリカの歴史』明石和康（岩波書店）
『アメリカ黒人解放史』猿谷要（二玄社）
『アメリカの時代』W・ラフィーバー　久保文明ほか訳（芦書房）
『アメリカの政治』アレン・M・ポッターほか　松田武訳（東京創元社）
『アメリカ社会と戦争の歴史』A・R・ミレット、P・マスロウスキー　防衛大学校戦争史研究会訳（彩流社）
『目で見る金ぴか時代の民衆生活』オットー・L・ベットマン　山越邦夫ほか訳（草風館）
『神の国アメリカの論理』上坂昇（明石書店）
『アメリカがまだ貧しかったころ』ジャック・ラーキン　杉野目康子訳（青土社）
『アメリカの誕生と英雄達の生涯』國生一彦（碧天舎）
『アメリカ太平洋軍』梶原みずほ（講談社）
『ストウ夫人の肖像』鈴木茂々子（ヨルダン社）
『発明戦争　エジソン vs.ベル』木村哲人（筑摩書房）
『新書アメリカ合衆国史2　フロンティアと摩天楼』野村達朗（講談社）
『見えないアメリカ』渡辺将人（講談社）
『ベトナム戦争のアメリカ』白井洋子（刀水書房）
『アメリカ』橋爪大三郎、大澤真幸（河出書房新社）
『アメリカ食文化』ダナ・R・ガバッチア　伊藤茂訳（青土社）
『図説世界の歴史10　新たなる世界秩序を求めて』J・M・ロバーツ　立花隆監修（創元社）
『詳説世界史B』木村靖二、佐藤次高、岸本美緒（山川出版社）
『山川世界史総合図録』成瀬治、佐藤次高、木村靖二、岸本美緒ほか監修（山川出版社）
『最新世界史図説　タペストリー』帝国書院編集部編（帝国書院）
『アメリカ史重要人物101』猿谷要編（新書館）
『アメリカの小学生が学ぶ歴史教科書』ジェームス・M・バーダマン、村田薫編（ジャパンブック）
『学習漫画　世界の歴史14』遠藤泰生監修（集英社）

[著者]
関眞興（せき・しんこう）
1944年、三重県生まれ。東京大学文学部卒業後、駿台予備学校世界史科講師を経て著述家。『30の戦いからよむ世界史』『キリスト教からよむ世界史』『「お金」で読み解く世界史』など著書多数。

編集・構成／造事務所
ブックデザイン／井上祥邦
イラスト／ suwakaho
協力／奈落一騎、荒川由里恵
写真／ Pixabay

世界と日本がわかる　国ぐにの歴史

一冊でわかるアメリカ史

2019年 5 月30日　初版発行
2025年 4 月30日　11刷発行

著　者　　関眞興

発行者　　小野寺優
発行所　　株式会社河出書房新社
〒162-8544
東京都新宿区東五軒町2-13
電話03-3404-1201（営業）
　　03-3404-8611（編集）
https://www.kawade.co.jp/
組　版　　株式会社造事務所
印刷・製本　TOPPANクロレ株式会社

Printed in Japan
ISBN978-4-309-81101-7

この国にも注目！

ISBN978-4-309-81103-1

ISBN978-4-309-81102-4

ISBN978-4-309-81101-7

ISBN978-4-309-81106-2

ISBN978-4-309-81105-5

ISBN978-4-309-81104-8

ISBN978-4-309-81109-3

ISBN978-4-309-81108-6

ISBN978-4-309-81107-9

ISBN978-4-309-81112-3

ISBN978-4-309-81111-6

ISBN978-4-309-81110-9